AF230538

LA NEUTRALITÉ BELGE

ET

LES CRISES EUROPÉENNES.

Paris. — Impr. de Pommeret et Moreau, 42, rue Vavin.

LA
NEUTRALITÉ BELGE

ET LES

CRISES EUROPÉENNES.

Nam tua res agitur.

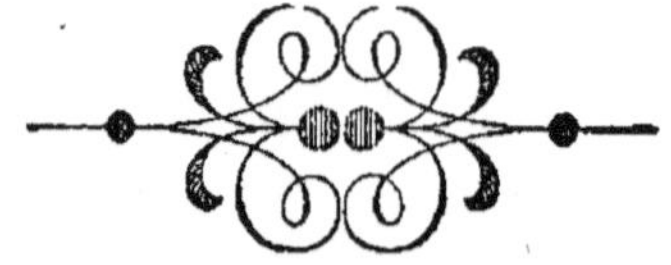

PARIS

E. DENTU, LIBRAIRE-ÉDITEUR,

Palais-Royal, 13, Galerie-d'Orléans.

—

1859

Nous avons pensé que ces quelques pages écrites avant l'entrevue de Villafranca n'avaient
rien perdu de leur opportunité.

Si la paix, glorieuse surtout par la modération
de celui qui l'a dictée, a imposé silence à la
calomnie, il serait téméraire de croire cette dernière vaincue. Si la paix existe par le fait, elle
n'existe pas encore dans les esprits, et c'est là
qu'il faut la ramener, afin qu'elle soit durable.

Nous voulons croire que la lumière s'est faite dans l'esprit de François-Joseph, mais peut-on en espérer autant de ses conseillers, de ses adhérents intéressés, de tous ceux qui, ne voyant des choses que l'apparence, applaudissent aux événements ou les condamnent, selon qu'ils favorisent leurs intérêts immédiats ou qu'ils les compromettent?

Nous avons été témoins, depuis quelques mois, de choses étranges en Europe. En partageant cette dernière, selon les règles du bon sens et de la logique, en deux camps, celui de la société ancienne et celui de la société moderne, on était stupéfait de voir tout à coup les alliés naturels de celle-ci dans le camp de celle-là. On eût dit que, par une nuit obscure, un cri d'alarme suivi d'une mêlée avait amené cette singulière confusion. Et il en était ainsi en effet, car on avait réussi à créer des ténèbres là où nous espérons fermement voir bientôt reluire à jamais la lumière, et alors chacun rentrera dans son camp, et la paix sera durable dans les faits comme dans les esprits, car l'un des deux camps disparaîtra peu à peu, et par la mort des plus obstinés, et par la désertion des plus sages; il ne saurait y avoir deux vérités.

En 1831, le lendemain du jour où la neutralité de la Belgique devenait, par la volonté des puissances, la base de l'existence nationale de nos voisins, un publiciste allemand s'écriait :

« Qui pourrait envier le sort d'un peuple condamné à demeurer éternellement simple spectateur de ce qui se passe autour de lui, et qui est mis hors la loi aussitôt qu'il court aux armes ; d'un peuple auquel on refuse toute existence politique propre, par cela même qu'on lui interdit le droit de faire la paix ou la guerre ? »

Il y a peu de jours, des feuilles belges tenaient un langage qui pouvait passer pour un écho du publiciste allemand.

Ce n'est pas nous qui contesterons les droits de nos voisins de Belgique à l'indépendance politique ; mais, au point de vue de la solidarité des intérêts généraux des peuples qui tend, depuis la révolution française, à remplacer chaque jour davantage les intérêts capricieux et mobiles des cours, des dynasties, des classes privilégiées, nous croyons devoir examiner impartialement cette question de la neutralité belge, à laquelle les événements peuvent d'un jour à l'autre donner un caractère exceptionnel d'actualité.

Nous savons tous à quelles étranges complications la Belgique a dû de voir déchirer en sa faveur les traités de 1815.

Ce n'est point sans un vif regret que les membres de

la sainte-alliance ont vu tomber ce boulevard du royaume des Pays-Bas érigé contre la France, et confié à un homme extrêmement habile et qui avait de singulières affinités de caractère, de goûts et de défauts avec le feu roi Louis-Philippe. Ces derniers les ont fait tour à tour l'un et l'autre tomber du trône, et si nous le rappelons, c'est que nous soupçonnons que la politique si désastreuse de ce prince n'ait trouvé encore quelque part un abri en Belgique. Or, le plus grand malheur qu'un peuple puisse subir, c'est celui de ne pas avoir une position nette, et la Belgique est un peu, de par cette politique, dans une situation anormale qui peut devenir un danger tant pour elle que pour ses voisins.

Si la France a été faible et presque amoindrie sous Louis-Philippe, c'est que la position que lui avait faite la révolution de 1830 était rendue plus fausse chaque jour par le gouvernement de ce roi, qui ne voulait ni renier ni accepter franchement son origine.

Si la France actuelle est si forte, c'est que peut-être pas un pays, sans en excepter l'Angleterre, n'a une position plus nette. Comment un peuple n'arriverait-il pas au but lorsque chaque individu connaît ce but, lorsque le gouvernement sait ce qu'il veut et le proclame ouvertement avec l'assentiment unanime du peuple?

Or, quel est aujourd'hui, en Europe, le pays où gouvernement et peuple soient d'accord tant sur le but qu'ils poursuivent ou qu'ils devraient poursuivre que sur les moyens d'atteindre ce but?

Est-ce l'Angleterre? Mais hier encore il y avait au pouvoir un ministère dont les sympathies pour l'Autriche sont aujourd'hui prouvées, et qui n'a laissé à ses héritiers qu'une majorité douteuse. Aucun homme en Angleterre ne saurait dire aujourd'hui ce que fera ou ne fera pas lord Palmerston, et il paraîtrait que ce dernier ne sait pas encore très-précisément à quel parti se résoudre, ce qui ne doit étonner personne de la part d'un homme d'État coutumier du fait.

En Allemagne, c'est pire encore. Tout à coup nous entendons de l'autre côté du Rhin des clameurs s'élever qui nous étourdissent un instant ; puis, quand nous examinons de près d'où vient ce bruit, nous voyons, au lieu de juges compétents du drame qui se joue, quelques claqueurs gagés qui cherchent bruyamment à gagner leur salaire. Des gouvernements complices de ce bruit le proclament la voix du peuple ; puis, quand il s'agit de faire appel à ce même peuple, de mettre en jeu ses bras et ses ressources, le peuple refuse de l'argent, il ne prête son concours que par contrainte, tandis que d'autre part les organes les plus accrédités de l'opinion élèvent la voix pour protester contre une politique qui ne saurait être celle d'un peuple auquel sont chers tous les biens dont on a dépossédé iniquement l'Italie.

La rupture en Russie avec les traditions de la politique du czar a été trop brusque, le nouvel ordre de choses est trop récent et la politique extérieure en a été trop peu encore appliquée pour qu'on puisse se faire une idée exacte des vues du gouvernement russe, de ses tendances, du but que l'on y poursuit.

Mais nulle part la confusion d'idées et l'absence d'unité dans les tendances nationales ne frappe plus les esprits qu'en Belgique.

Nul doute que, dans un pays où le bon sens est la part la plus belle de l'héritage national, il n'y ait nombre de personnes pénétrées de cette conviction que Napoléon III, qui n'a eu d'autre but jusqu'à présent que de rendre plus stable, plus générale, la pratique de la liberté en assignant à cette dernière l'ordre pour base et l'autorité pour sommet, n'est allé en Italie que parce que, aussi longtemps que l'Italie sera sous le joug de l'Autriche, l'ère des révolutions n'est pas et ne peut pas être close.

Il y aurait quelque chose de si absurde de supposer à Napoléon III l'esprit de conquête, qu'une pareille pensée ne saurait naître que dans un cerveau pour lequel la lumière des faits n'existe plus.

Par contre on ne pouvait attendre de Napoléon III une politique lâche, peureuse, de ces politiques comme nous en avons vu pratiquer si longtemps au détriment des peuples et des couronnes et dont l'illusion consistait à croire qu'une question est résolue parce qu'on l'a évitée.

Les éléments de toutes choses sont simples ; sur vingt-quatre lettres, sur neuf chiffres, sur quelques sons se basent l'admirable variété des langues, les calculs les plus vastes, les combinaisons infinies de l'art musical. Il n'en est pas autrement en politique, et, en écartant toute illusion, tout préjugé, toute passion, la crise actuelle ne présente au fond que la lutte d'une société qui arrive contre une société qui s'en va, la lutte du principe de la société moderne contre celui d'une société qu'on ne pourra jamais plus rétablir.

Dès son début, Napoléon III, fidèle aux principes qui étaient la raison d'être de sa dynastie, a proclamé ouvertement qu'il allait continuer par la paix l'œuvre que son grand oncle avait dû protéger par la guerre. Deux fois la société ancienne lui a jeté le gant, et deux fois il l'a relevé courageusement, loyalement, et en exprimant ses regrets de ne pouvoir continuer son œuvre par la paix comme il avait espéré pouvoir le faire lorsque la France le pressait de prendre la couronne.

Aucun peuple n'est mieux placé que le peuple belge pour juger sainement les affaires politiques ; ses intérêts, comme sa langue, ses traditions et ses mœurs, le mettent en contact à la fois avec le Midi et avec le Nord, et pour l'Angleterre, qui se trouve en face d'elle, mille rapports lui permettent de la bien juger. Comment se fait-il que dans ce pays, non-seulement les vues les plus fausses, mais les projets les plus insensés aient pu se faire jour ? Nous ne croyons pas que les Belges se trompent, nous croyons qu'on les trompe, et un examen impartial de la situation nous le prouvera sur-le-champ.

Nous ne pensons pas calomnier l'Autriche en disant que c'est le gouvernement le plus détestable, non-seulement qui existe, mais qui ait jamais existé. L'exécration de ses peuples témoigne trop hautement contre lui, pour que nous ayons besoin de preuves. La pénurie du gouvernement et la misère du peuple dans les contrées les plus belles et les plus fertiles du monde, disent assez que ce gouvernement est un opprobre pour notre société moderne.

Or, contre qui la Belgique a-t-elle, depuis 1830, dû soutenir une lutte qui dure encore et dans laquelle elle a consumé tant d'énergie, et cela malgré la constitution la plus libérale du monde? Qui est-ce qui combattait l'établissement de ses chemins de fer? qui est-ce qui jetait le désordre dans ses finances? qui est-ce qui remettait sans cesse en question l'indépendance du pouvoir civil? qui est-ce qui réclamait l'établissement de la main-morte? Les hommes de l'ancienne société, ces hommes dont le quartier général est à Vienne, et dont les émissaires sont partout.

Et à quelle école ont été nourris les champions de la liberté belge, les créateurs de ces chemins de fer, les défenseurs de l'indépendance civile, les inaugurateurs de tous ces progrès auxquels la Belgique doit une prospérité sans égale? Est-ce à celle de l'Autriche qu'ils ont puisé leurs fécondes leçons? Nullement, et à celle de l'Angleterre non plus, mais à celle de la France. Et voudraient-ils renier cette école lorsqu'elle est plus féconde que jamais en grands et utiles enseignements?

Nous ne pouvons croire le peuple belge dégénéré au point de réduire la question suprême qui se décide aujourd'hui sur les champs de bataille de l'Italie aux proportions d'une affaire de bourse. Si l'imprévoyance a été grande de ceux qui achetaient des valeurs autrichiennes, qu'ils n'ajoutent pas l'aveuglement à l'imprévoyance. L'incorrigible gouvernement autrichien, s'il était vainqueur, ne profiterait de la victoire que pour contracter de nouveaux emprunts dont il gaspillerait le produit comme il l'a fait de tous ceux contractés de temps immémorial, et il ne ferait qu'augmenter sa dette sans améliorer la situation de ses sujets, tandis que, vaincu et contraint à des réformes que la force des choses lui imposera, il sera maintenu dans les voies de l'honneur sous le rapport de sa dette, et par la France, et par toutes les autres puissances qui n'entendront pas que leurs sujets soient plus longtemps impunément spoliés.

Nous ne comprenons pas que la Belgique, si prudente en affaires, n'ait pas compris le sage avertissement que lui donnait la Prusse lorsqu'elle déclarait que le papier-monnaie prussien aurait seul cours légal dans ses États. La mesure n'était pas dirigée autant contre certains petits États dont le papier véreux était la lèpre des places d'Allemagne que contre le papier-monnaie autrichien auquel la Bavière, ou plutôt son gouvernement, s'empressait de donner asile, parce qu'une solidarité commune de principes existait entre elle et le gouvernement autrichien.

Mais ce n'est pas seulement contre le papier-monnaie autrichien que l'esprit d'ordre et de bonne économie du peuple allemand a eu à lutter. Depuis 1849, et ceci est caractéristique, le lendemain même du triomphe de l'Autriche sur la Hongrie, ce sombre gouvernement s'emparait de l'Allemagne, et, après avoir semé partout la discorde, il a laissé ce pays dans l'état où nous le voyons aujourd'hui, agité en tous sens comme un vaisseau qui a perdu la boussole, dont l'équipage mécontent des pilotes, au lieu de naviguer vers le port, menace de le faire échouer sur les récifs.

En vérité nous ne pouvons comprendre que l'Allemagne puisse oublier, même dans un moment d'exaltation factice, les hontes et les misères que l'Autriche lui a fait subir depuis 1849. Que l'Allemagne puisse oublier comment ce Parlement de Francfort, dont elle a raison d'être fière, s'est éteint, non pas à Stuttgardt où on ne voit finir tristement que l'élément impur qui s'en serait forcément dégagé par la volonté de la nation, mais à Erfurth où ses hommes les plus éminents, calmes, courageux, patriotiques, succombaient honteusement sous les intrigues de l'Autriche. Cette dernière aurait été jusqu'à plonger l'Allemagne dans les horreurs de la guerre civile pour atteindre au but de son ambition, qui était d'arriver à la suprématie en Allemagne et d'imposer à cette dernière la garantie de ses possessions extra-allemandes. Ce dernier point acquis, la malversation du gouvernement autrichien n'aurait plus connu de bornes. L'Allemagne n'était-elle pas là pour faire la guerre pour elle et pour en payer les frais ?

Deux circonstances, dont l'une n'attire pas assez l'attention, contribuent à alimenter l'esprit d'hostilité contre la France en Allemagne. D'abord les classes privilégiées, qui voudraient voir leurs droits rétablis dans toute l'Europe, ont trouvé dans le clergé un allié complaisant, et cette alliance s'est resserrée encore par le dernier concordat. Ces classes poussent à la guerre parce qu'elles comprennent que le gouvernement impérial actuel va rendre définitif et consolider à tout jamais le triomphe des principes que la France a proclamés et dont la pratique lui vaut cette supériorité nationale qui a éclaté deux fois depuis cinq ans aux yeux du monde étonné sur les champs de bataille de Crimée et d'Italie.

Ensuite les démagogues allemands ne demandent pas mieux, de leur côté, que de pousser à la guerre, parce que ce n'est plus que du désordre qui en naîtrait, qu'ils attendent l'établissement de cet ordre de choses à eux, qu'ils désespèrent plus que jamais d'établir depuis que le gouvernement impérial les a fait renier eux et leur cause par la France.

Entre ces deux extrêmes il y a la classe éclairée qui repousse la guerre contre la France, parce qu'elle ne peut que désirer la victoire pour sa patrie et qu'elle sait que cette victoire, si on l'obtenait, serait le tombeau des libertés allemandes. La classe éclairée n'a pas oublié les belles promesses faites à la nation allemande en 1813, promesses dont aucune n'a été tenue ; elle n'a pas oublié les faux-semblants de 1848, et comment ces gouvernements allemands, qu'elle avait aidé à comprimer l'anarchie, ont foulé aux pieds les engagements les plus solennels contractés envers la nation. Ensuite, elle sent que tous les sacrifices qu'elle ferait dans une guerre contre la France tourneraient au détriment de l'Allemagne, la cause de la France étant bien réellement celle de la liberté contre le despotisme, celle de la société moderne contre la société ancienne, du droit contre le privilége, du juste contre l'injuste, du progrès contre sa négation, de la lumière contre les ténèbres.

Que la Belgique ne l'oublie pas, elle doit sa prospérité non à des circonstances, mais à des principes. Ce pays serait sous l'influence du gouvernement autrichien que la

2

perte de sa prospérité suivrait bientôt celle de sa liberté.
De quelle époque date la prospérité de l'Angleterre ? De
l'époque de sa liberté. Que l'on compare l'état de la
France moderne à ce qu'était la France ancienne à l'apo·
gée de sa puissance et de sa prospérité, et dès les premiers pas on renonce à la tâche. S'arrêtera-t-on longtemps à découvrir les causes de cette différence ?

Pour ceux qui regrettent pour la Belgique les temps
prétendûment heureux où l'Autriche la gouvernait, ils
sont aussi naïfs que le seraient ceux qui regretteraient
dans la France actuelle le règne d'Henri IV. Qu'il nous
soit permis de renvoyer ces hommes de bonne foi, nous
n'écrivons pas pour d'autres, au livre d'un savant belge
sur le gouvernement d'Autriche (1), livre qui mériterait
de prendre place dans la bibliothèque de toutes les familles en Belgique, où on aime à juger sur des faits éclai-
rés par des documents authentiques. Si les faits qui se
passent en Italie ne suffisaient pas, il y aurait dans ce
livre de quoi ne laisser aucun doute sur ce qu'on doit
attendre de l'Autriche le jour de la victoire.

On a souvent comparé la Belgique à la Bavière, et
non pas sans motif, car la Bavière et la Belgique ne se
sont affranchies que bien lentement du joug qui pesait
sur elles, et la lutte contre leur mauvais génie dure encore. Le sort de l'emprunt bavarois a montré combien
peu populaire est en Bavière la cause de l'Autriche, et
après les sacrifices immenses faits par la nation pour l'ar-

(1) *Histoire secrète du gouvernement autrichien,* première histoire d'Autriche, écrite d'après des documents authentiques par Al-
fred Michiels. Paris, Dentu.

mée, sacrifices que la Chambre a fini par restreindre, on a trouvé, lorsqu'il s'est agi d'entrer en campagne, une armée dénuée de tout. Espérons qu'en Belgique on comprendra qu'il y aurait folie à employer les ressources de la nation pour défendre un pays que personne ne menace. On voudrait faire jouer à la Belgique le rôle de dupe, comme on croit réussir à le faire jouer à l'Allemagne, en disant que la France impériale la menace dans son indépendance comme dans sa liberté.

Mais oublie-t-on que l'histoire de ce premier Empire par lequel on voudrait calomnier les intentions du second, que cette histoire était populaire, non-seulement en France, mais dans toute l'Europe, peu d'années après la mort du premier Empereur? Jamais la librairie française ni la librairie allemande n'avaient vu un succès pareil à celui des ouvrages publiés sur le grand homme du siècle. Après les amères déceptions que les peuples avaient éprouvées, après les retours insensés vers le passé qui compromettaient les trônes, les peuples cherchaient en quelque sorte, dans l'histoire de l'Empire, un refuge pour leurs souffrances et contre leurs déceptions.

Avant que le *Mémorial de Sainte-Hélène* vînt donner le signal d'une réaction dans l'opinion publique contre les calomnies de tout genre dont on avait poursuivi l'Empereur et sa mémoire, dès 1820, un publiciste allemand eut le courage de réclamer l'attention publique en faveur de l'œuvre que Napoléon avait accomplie dans cette même Allemagne, que l'on cherche aujourd'hui, et par les mêmes moyens employés alors, à ameuter contre le second Empire.

Le publiciste en question assignait, dans l'histoire politique de l'Allemagne, sa place à la révolution française dans les termes suivants :

« Les efforts de la nation française pour sa régénération, sa lutte intérieure contre la résistance des classes privilégiées , le désordre inséparable d'une révolution aussi radicale et le premier abus de la force populaire apparurent aux cabinets de l'Europe comme le signal d'un danger universel menaçant l'existence de tous les États, les droits de tous les souverains.

« En effet, une puissance immense s'était avancée tout à coup sur la scène de la politique européenne. L'ancienne France, défaillant sous des intrigues de cour, avait disparu, et sa place avait été prise par un autre ordre de choses, basé sur un système presque entièrement inconnu de principes de droit public, défendu par une nation enthousiaste arrivée à la conscience d'elle-même. La vieille Europe se sentait ébranlée dans tous ses fondements par le fait même de l'apparition du nouvel état.

« Tout ce qui est nouveau crée des préoccupations; et n'en aurait-il pas été ainsi, lorsqu'il s'agissait d'un phénomène avec lequel tout ce qui avait existé jusqu'alors se trouvait en contradiction directe?

« *On comprit de bonne heure que l'Europe devait prendre des formes nouvelles, si on ne réussissait pas à anéantir la France révolutionnaire.* L'Europe ne voulait pas se laisser enlever son antique situation. Elle crut qu'on aurait facilement raison du nouvel ennemi dont on ne connaissait pas la force, mais qui était un objet de mépris pour toutes les classes privilégiées. Le succès paraissait d'autant moins douteux, que le gouvernement français appelait lui-même secrètement les armées étrangères pour le délivrer, et promettait de lui ouvrir les voies.

« La nation française entra dans un accès de colère terrible, non moins à cause de la trahison de son propre gouvernement que de la présomption de l'étranger.

« Ce fut la destinée de la Prusse de contribuer le plus, par le manifeste du duc de Brunswick, à pousser les Français à une résistance désespérée, c'est-à-dire à doubler leurs forces, et, pendant que la Prusse espérait faire peur à la France par le susdit manifeste, elle concourut à créer une puissance qui devint redoutable pour toute l'Europe.

« Les campagnes des armées allemandes ne furent pas heureuses. Après des pertes cruelles, la Prusse devait évacuer la Champagne, emportant la conviction qu'il y avait de valeureux soldats en Europe en dehors de ceux dressés aux revues de Silésie, ce qui avait jusqu'alors paru incroyable.

« La Prusse chercha bientôt à se réconcilier avec la République, et, à la paix de Bâle, personne ne songeait plus à réaliser le manifeste du duc de Brunswick.

« La paix de Bâle sépara la Prusse des États du sud de l'Allemagne, qui n'avait plus désormais d'autre protecteur que l'Autriche.

« Ces États éprouvèrent toutes les horreurs de la guerre, et ils purent bientôt se convaincre que la politique suivie jusqu'alors ne garantissait pas leur existence. Ils conclurent donc avec la République des traités aussi avantageux que possible, traités où on promettait de les indemniser par la sécularisation des États ecclésiastiques. La Prusse avait montré ici la voie par les articles secrets du traité de Bâle. On s'habituait en même temps à reconnaître le Rhin comme la frontière future de la France, que l'on avait abandonné bientôt l'idée de conquérir.

« L'Italie était le côté faible de l'Autriche, et cependant, à cause de ses États héréditaires, elle lui tenait plus à cœur que l'empire d'Allemagne. Que le protecteur aurait plus grand souci de son bien que de territoires dont il n'était le chef que de nom, c'est ce qu'on pouvait attendre, et cette attente ne fut pas trompée.

« L'armée française en Italie reçut un chef dont le génie avait créé un nouvel art de la guerre.

« L'Autriche est vaincue.

« Lors des négociations préliminaires qui eurent lieu à Léoben, les plénipotentiaires autrichiens ne témoignèrent aucune surprise qu'on exigeât la rive gauche du Rhin, mais ils voulurent se dédommager en Italie de la perte des possessions lombardes, et ils ne firent aucune difficulté qu'ils fussent dédommagés aux dépens de la république de Venise, l'alliée de l'Autriche.

« L'Allemagne et l'Italie devaient s'apercevoir clairement où les menaient les protections autrichiennes. La leçon qu'elles ont reçue n'est pas oubliée, et on l'a mieux comprise à mesure que l'on vieillissait.

« Lors des négociations qui précédèrent le traité de Campo-Formio, l'Autriche ne s'inquiétait d'aucune façon des intérêts de l'Europe pour lesquels on prétendait pourtant avoir pris les armes, ni des intérêts de l'empire allemand dont l'Empereur était le chef protecteur. On

ne mit en avant aucun grand système de nature à assurer la paix du monde ; mais on n'oublia pas d'attacher
une grande importance aux stipulations concernant la
future étiquette à observer. Les véritables hommes d'État
devaient faire la remarque que *l'esprit du siècle* qui venait de se manifester d'une manière si éclatante était
encore considéré comme un étranger par les diplomates
de l'ancien régime ; les envoyés autrichiens ne s'efforcè-
rent pas de se le concilier, et d'y chercher un appui pour
contre-balancer la puissance française. On s'entêta à suivre les anciens errements et on prouva qu'on se conten-
tait *d'être une puissance de l'ancien régime.* C'est pourquoi tous ceux auquels s'était révélé l'esprit tout-puis-
sant d'une ère nouvelle durent quelquefois même à
contre-cœur chercher un appui ailleurs que sous le drapeau du vieil empire allemand.

« A la paix de Campo Formio, l'Autriche céda les
Pays-Bas, reconnut la république cisalpine et accepta en
échange la Vénitie. La paix de l'Europe devait se conclure au congrès de Rastadt. Des articles secrets concé-
daient la rive gauche du Rhin et la sécularisation des
États ecclésiastiques.

« Le congrès de Rastadt n'eut pas de résultat, parce
que sur les entrefaites on avait conçu de nouveau l'espoir d'humilier la France. Il se termina par l'assassinat
des plénipotentiaires français, crime qui excita l'indigna-
tion la plus profonde, compromit le nom allemand et
donna à penser aux peuples que ce n'était pas le gouvernement républicain de la France seul qui se permettait le crime. On ne fit point d'enquête sur les auteurs

de ce forfait, c'est pourquoi il conservera dans l'histoire un caractère indélébile de noirceur. »

L'auteur raconte toutes les trahisons qui conduisirent à ce nouveau châtiment de l'Autriche consacré à Marengo et consommé par la paix de Lunéville. C'est ici qu'on put voir avec quel sans-façon l'empereur sacrifiait les intérêts de l'empire d'Allemagne au sien propre. Il demande à la France de pouvoir étendre ses possessions jusqu'au Lech, arrangement par lequel la Bavière était rayée du nombre des puissances (1).

L'auteur, sans le vouloir probablement, détruit en peu de mots la cause des accusations qu'on renouvelle aujourd'hui contre la France, celle d'avoir voulu asservir l'Allemagne. Après avoir dit que l'Autriche voulait maintenir à tout prix l'ancienne constitution de l'empire, il ajoute : « Maintenir cette constitution, c'était vouloir maintenir la honte de l'Allemagne. Quelle protection l'Autriche pouvait-elle donner désormais à l'empire? N'avait-elle pas été *contrainte* à faire la paix de Lunéville? Et elle voulait déconseiller les autres princes de chercher des garanties meilleures. *Ils eussent été aveugles*

(1) On ne saurait assez s'étonner de ce qui se passe aujourd'hui en Bavière. Le peuple clairvoyant refuse de contribuer à une guerre d'où il ne pourrait sortir que son asservissement complet sous l'Autriche. Le clergé a bien pu envoyer sur les pas de l'armée autrichienne quelques enthousiastes gagés, mais la partie éclairée de la nation ne saurait voir qu'avec les plus vives appréhensions la Bavière s'inféoder à l'Autriche. C'est bien contre la politique autrichienne que les Chambres bavaroises luttent depuis leur existence, et il n'y a que l'aveuglement ou la trahison qui puisse ainsi livrer complétement la Bavière à l'Autriche.

*s'ils eussent voulu, par un soi-disant respect de la consti-
tution de l'empire qui n'existait nulle part, s'exposer à
une impuissance éternelle !* C'est ce que voulait l'Autriche,
comment eussent-ils pu s'y fier? La Prusse, dans ses
traités avec la France, avait stipulé la cession des vastes
territoires de l'empire. Un bon exemple trouve bien vite
des imitateurs. *Comment s'étonner que tout le monde cou-
rût à Paris du moment où il s'agissait de refondre l'empire allemand afin de s'approprier une part dans les ruines, d'assurer sa propre existence, de faire sortir l'Allemagne de sa sujétion pour l'élever au rang d'une puissance
respectable?* Telle était l'idée qui commençait à naître en
Allemagne, quoique peu de gens s'en rendissent clairement compte. La diète de l'empire, elle, n'y distinguait
rien ; c'était un congrès des siècles passés, dont l'apparence avait été conservée par l'embaumement ; le présent paraissait défiler à ses côtés comme l'armée française devant les pyramides d'Égypte : ces monuments
antiques et respectables étaient, eux aussi, complétement
étrangers aux temps nouveaux et à la république des
Francs.

« La Prusse et l'Autriche étaient les deux vraies parties en présence à la diète de l'empire. L'Autriche voulait traîner les affaires en longueur, la Prusse, au contraire, considérait les affaires comme arrangées par les
traités séparés. L'Autriche cherchait à empêcher la formation de grands États, parce qu'elle voulait continuer
de s'imposer aux petits États ; la Prusse, au contraire, pro-
tégeait cette formation, parce qu'à cette époque elle ne
songeait pas encore à partager avec l'Autriche la supré-

matie en Allemagne. Le grand-maître de l'ordre teutonique votait avec l'Autriche; Hesse-Cassel, la *Bavière* et le *Wurtemberg* avec la Prusse.

« C'est alors qu'on vit les misères de l'Allemagne dans toute leur nudité. Mecklembourg-Strélitz réclama de la diète une compensation pour une part dans la collation de deux canonicats à la cathédrale de Strasbourg! Les princes avaient des possessions et des droits épars sur toute la surface de l'Allemagne. Tel prince exerçait des droits de régale dans les domaines de tel autre. La maison de Hohenzolern-Hechingen réclama *et obtint* une indemnité pour une seigneurie que les géographes ne purent découvrir nulle part; mais la Prusse avait jugé convenable d'appuyer sa parenté. »

Dans la suite de son exposé, l'auteur arrive à un fait des plus remarquables. Il fut question de garantir, du moins aux pays que l'on sacrifiait au système d'indemnité, leur *constitution représentative*, et, chose étrange, c'était du grand-maître de l'ordre teutonique et par conséquent de l'Autriche, qu'émanait la proposition. Il est bien évident qu'on ne voulait nullement faire valoir ni garantir les droits du peuple; on espérait seulement, en limitant les droits des princes indemnisés, les faire peser moins dans la balance de l'équilibre général, sans cela jamais un archiduc n'eût pris sous sa protection la constitution des États.

« La politique, » ajoute finement notre auteur, « exploite parfois certaines idées qu'elle cherche à comprimer dans d'autres circonstances. La Prusse sentit où on en voulait venir, et elle trouva bon de déclarer que le roi de Prusse avait, comme souverain, et de l'assentiment de la Russie, conclu un traité à part avec la République française, dans lequel les territoires destinés à l'indemniser lui avaient été cédés avec la *souveraineté absolue ;* que par conséquent les territoires formant l'indemnité prussienne se trouvaient dans des circonstances particulières et qu'il ne pouvait s'agir pour eux de limiter la souveraineté. Par cette déclaration, la Prusse proclamait ce principe, que la France avait pu enlever à un État allemand ses droits et les céder, après l'avoir dépossédé de ces derniers, à une autre puissance ; ou bien encore, qu'un pays en devenant prussien, perdait ses droits constitutionnels qu'il possédait étant Etat de l'empire. En d'autres termes : un pays, en devenant prussien, cessait d'être allemand. On n'a pas toujours fait des aveux aussi directs.

« Dans la 46ᵉ séance de la députation, on arriva enfin à rédiger le texte des décisions principales. La première partie du protocole rédigée par la France était compréhensible ; quant à la seconde partie, on en cherche encore aujourd'hui l'explication sans la pouvoir trouver.

« Beaucoup de gens en Allemagne se plaignaient des changements qui venaient d'avoir lieu. Ils considéraient comme une honte la perte de la rive gauche du Rhin, ils taxaient de dure et d'injuste la mesure qui anéantissait les États ecclésiastiques, et l'indépendance de tant de villes libres de l'empire. Il est dans la nature sensible de l'homme de porter le deuil là où des choses qui existaient depuis des siècles sont tout à coup détruites ; il est enclin à ne dire que du bien des morts. Mais c'est la dure tâche de l'homme d'État auquel est imposé le de-

voir de maintenir la politique et d'en diriger les actes,
de se mettre au-dessus de cette manière de voir senti-
mentale et de moins s'occuper du passé que de l'avenir.
Ainsi, dans le nouvel arrangement, l'Allemagne voyait
se rétrécir ses limites géographiques, mais la patrie politique se trouvait régénérée; elle avait découvert un nouveau terrain pour se développer. La perte de la rive
gauche du Rhin se trouvait amplement récompensée par
le fait que les États ecclésiastiques, ce côté vulnérable de
l'Allemagne, se trouvaient remplacés par un organisme
sain et fort, qui remplit tout le corps politique d'une vie
nouvelle. A celui qui ne reconnaissait pas dans ce fait
une amélioration, la nature a refusé la connaissance de
l'esprit de son époque comme de toute autre.

« Sans doute toute l'affaire d'indemnité était dirigée
par la France, mais les membres les plus puissants de
l'empire n'y trouvaient rien de choquant. La Prusse
parla maintes fois, dans les documents qui arriveront à
la postérité, *de la magnanimité et de l'amour de la justice
du gouvernement français.* L'exemple de la Prusse contribua le plus à montrer aux Allemands qu'on pouvait gagner à se rapprocher de la France ; plus tard aussi, la
Prusse, les temps étant changés, montra comment on
quitte un ami malheureux, et elle sut la première faire
son profit d'une alliance contre la France.

« L'Autriche avait franchement avoué qu'elle avait
été bien mal traitée dans le partage du vieil empire. *Son
sort était dur en effet, mais il eût pu tourner au bonheur
des États héréditaires, si on avait pu ouvrir les yeux sur
les maux qui résultent pour les empires d'un attache-*

ment à un ordre de choses, non-seulement ancien, mais suranné. Mille aptitudes sommeillaient chez les peuples de
l'Autriche; si on les avait éveillées et développées, elles
eussent donné à cette puissance plus de force qu'on ne lui
en ôtait en séparant une ou deux provinces désaffectionnées ; ont eût ainsi fondé une conquête à l'intérieur qui
eût largement compensé cette tutelle de peuples à laquelle ces derniers avaient échappé et qu'ils ne voulaient
plus endurer.

« *Développer chez soi les forces intellectuelles donne plus
de puissance et de gloire que d'aller au dehors chercher
à étouffer ces mêmes forces, ce qui conduit à se faire des
ennemis secrets qui, à la première occasion, feront tout
pour s'émanciper.*

« A l'époque de l'arrangement conclu à Ratisbonne,
l'Allemagne ressemblait à un enfant nouveau-né, qui
deviendra un homme sans doute, mais qui ne peut encore se fier à ses propres forces. On avait beaucoup fait
pour réunir les mille parcelles par lesquelles la patrie
était divisée, mais le principal restait encore à faire. Les
étranges petites monarchies des comtes et des chevaliers
d'empire existaient encore ; plusieurs pays avaient à
faire les frais d'une cour, tandis que les princes étaient
trop faibles pour protéger leurs sujets. Dans cet état de
choses, il était impossible de maintenir l'indépendance
nationale ; l'Allemagne devait se rallier à une grande
puissance. Mais à laquelle ? L'Autriche avait elle-même
reconnu sa malheureuse position et sa faiblesse ; elle
avait dû plus prendre soin d'elle-même que de l'empire.
La Prusse était trop étroitement unie avec la France, et

décidée à maintenir l'équilibre en Allemagne, mais non encore à s'assurer la prépondérance. L'Allemagne ne pouvait donc pas se ranger du côté de la Prusse ; la Russie était trop loin et les rapports avec elle trop récents ; ensuite dans toute l'Europe régnait une grande indécision sur ce qu'on avait à faire ou à ne pas faire, et cette incertitude, à laquelle il n'y avait d'autre contre-poison qu'une résolution ferme, énergique, paralysait les cabinets.

« Le gouvernement français, par contre, était attentif à toute occasion que les événements lui offraient pour prendre l'initiative politique. Des armées victorieuses étaient prêtes à faire valoir les combinaisons de l'intelligence, et l'Allemagne sentait le besoin de chercher un appui au dehors dans ces premiers pas qu'elle faisait vers l'indépendance.

« C'est pourquoi plusieurs cours se rapprochaient de la France, quoique l'empire n'eût pas encore pu se résoudre à accomplir la formalité de la dissolution.

« Il est probable que fort peu de cabinets aient compris clairement que cette politique pouvait seule préparer la régénération de l'Allemagne. Mais il y avait certainement des hommes d'État auxquels le baptême de la nature avait assuré le don de voir dans l'avenir, et qui, avec un mâle courage et sans se préoccuper des jugements de leurs contemporains, peu mûrs pour juger ces questions, s'avancèrent résolûment dans la voie qui seule pouvait conduire à l'indépendance. D'autres furent attirés vers la France par la peur ou la nécessité, et entraînés dans un courant dont ils ne soupçonnaient pas même l'issue.

Ils se plaignaient de la contrainte qu'on leur imposait; ils sentaient qu'on exigeait d'eux des efforts qui paraissaient excéder leurs forces, et ils contribuèrent involontairement, et par cela même sans gloire, à rajeunir leurs peuples. Après le recez de la députation d'Empire, l'Allemagne se trouvait dans l'époque de transition qui conduisit à la Confédération du Rhin, création qui n'était elle-même qu'une transition vers un développement ultérieur (1). Mais, au lieu de voir dans l'avenir et de rechercher des institutions qui pussent répondre aux exigences de la nouvelle ère qui commençait, on chercha à s'étayer des ruines des formes surannées de l'Empire qui avaient perdu leur raison d'être. Le nouveau siècle se dressait devant eux comme un géant, et ils crurent le dompter en lui mettant ces mêmes lisières dont on s'était servi pour les peuples à l'état d'enfance. Mais les casques mêmes des chevaliers avaient cessé d'être terribles et utiles, lorsque le tonnerre du canon eut annoncé la nais-

(1) A l'époque où se publiait le livre que nous citons, l'auteur ne pouvait pas connaître le *Mémorial de Sainte-Hélène*. L'Empereur, parlant de l'agglomération des divers peuples qu'il avait préparée, disait : « L'agglomération des Allemands demandait plus de lenteur; aussi n'avais-je fait que simplifier leur monstrueuse complication, non qu'ils ne fussent préparés pour la concentralisation : ils l'étaient trop au contraire; ils eussent pu réagir sur nous avant de nous comprendre. Comment est-il arrivé qu'aucun prince allemand n'ait jugé les dispositions de sa nation ou n'ait pas su en profiter? Assurément si le Ciel m'eût fait naître prince allemand au travers des nombreuses crises de nos jours, j'eusse gouverné infailliblement les trente millions d'Allemands réunis, et pour ce que je crois connaître d'eux, je pense encore que, si une fois ils m'eussent élu et proclamé, ils ne m'auraient jamais abandonné, et je ne serais pas ici. »

sance d'un nouvel art de la guerre. On avait inventé en politique une poudre nouvelle ; il fallait la posséder et savoir s'en servir, sinon on combattait à armes inégales (1). »

Le tableau que l'auteur trace de la première apparition de la révolution française au-delà du Rhin, est de main de maître, on le dirait fait pour les besoins de la crise que nous traversons :

« Le repos semblait être le besoin de toute l'Allemagne. Cependant, comme les anciens intérêts voulaient continuer leur domination dans un monde nouveau qui leur était étranger, les intérêts nouveaux s'opposèrent à cette usurpation, et ils se placèrent sur la même ligne, avec les prétentions maladives du passé. L'ancienne société ne voulait pas reconnaître à la nouvelle le rang qu'elle réclamait, et comme la première était en possession du pouvoir, elle s'en servit pour anéantir les prétentions de sa jeune rivale. Il en résulta de l'incertitude d'une part, de l'autre la lutte. Il fallait faire de nouveaux efforts, le repos et la paix étaient impossibles. »

Pour tout homme habitué à considérer la marche des affaires politiques sous un autre point de vue que celui de son ambition ou de ses intérêts personnels, il n'a jamais pu y avoir de doute sur la nécessité des guerres auxquelles Napoléon Iᵉʳ a été entraîné, et qui toutes n'a-

(1) La Russie n'a compris cette grande vérité que depuis la guerre de Crimée, c'est son honneur de l'avoir comprise, plus tard ce sera sa force. L'obstination étant un défaut héréditaire des Habsbourgs, ils est à craindre que ces derniers ne comprennent que lorsqu'ils auront cessé de régner. Et encore ! Jacques II est mort impénitent et incorrigible dans l'exil.

vaient d'autre but que de défendre la révolution dans ses aspirations les plus légitimes (1). Le repos, comme on le dit fort bien, n'était pas possible , et nous en sommes encore au même point. En Italie, Napoléon III ne défend pas seulement l'honneur et les intérêts de la France, mais sa liberté et en même temps celle de l'Allemagne, car le jour où l'Autriche triompherait, l'Allemagne, au lieu de pousser des acclamations de victoire, devrait porter le deuil de ses libertés, car les cloches qui sonneraient pour le *Te Deum*, à Vienne , seraient le glas de l'indépendance allemande à l'agonie.

Mais il nous tarde de laisser de nouveau la parole au publiciste allemand de 1820.

(1) Nous n'en exceptons pas même la guerre d'Espagne; notre auteur le pense ainsi et avec raison, et Napoléon Ier avait le droit de dire à Sainte-Hélène : « Je voulais l'agglomération des quinze millions d'Espagnols, et elle était à peu près faite, rien n'étant plus commun que de convertir l'accident en principe. Comme je n'ai point soumis les Espagnols, on raisonnera désormais comme s'ils étaient insoumettables; mais le fait est qu'ils ont été soumis et qu'au moment même où ils m'ont échappé, les cortès de Cadix traitaient secrètement avec nous. Aussi n'est-ce pas leur résistance ni les efforts des Anglais qui les ont délivrés, mais bien mes fautes et mes revers lointains, celle surtout de m'être transporté avec toutes mes forces , mille lieues d'eux et d'y avoir péri; car personne ne saurait nier que si, lors de mon entrée dans ce pays, l'Autriche, en ne me déclarant pas la guerre, m'eût laissé quatre mois de séjour de plus en Espagne, tout y eût été terminé; le gouvernement espagnol allait se consolider, les esprits se fussent calmés, les divers partis se seraient ralliés; trois ou quatre ans eussent amené chez eux une paix profonde, une prospérité brillante, une nation compacte, et j'aurais mérité d'eux ; je leur eusse épargné l'affreuse tyrannie qui les foule, *les terribles agitations qui les attendent.* »

« Les divers territoires ayant changé de maîtres, il en résulta des situations incompatibles avec l'ordre des choses établi jusqu'alors. On sentait le besoin de principes nouveaux qui permissent de se guider dans des réformes radicales. Malheureusement on ne put point en trouver. L'ancienne coutume, les anciens usages paraissaient seuls respectables ; c'est à eux qu'on s'adressa pour avoir des lumières, mais ils ne purent en donner. Les hommes avaient été élevés pour le passé, le présent devait d'abord former des hommes à lui et pour lui. La situation générale, les ressources, les intérêts s'étaient transformés ; les choses avaient changé, les personnes étaient restées les mêmes (1). L'ancien régime continua

(1) L'auteur touche ici à une question qu'on ne saurait trop méditer. Ce n'est pas seulement à l'époque de la Révolution française que s'était fait sentir partout la difficulté de trouver des hommes propres à diriger la société nouvelle. Non-seulement les époques, mais les régimes ont à lutter contre cet obstacle. A peine la Restauration avait-elle eu le temps de façonner quelques rares hommes pour les besoins de sa politique. Louis-Philippe vécut avec ceux que l'opposition avait formés sous la Restauration, et auxquels s'associèrent peu à peu d'autres hommes qui croyaient à la fortune de la branche cadette, parce qu'ils y voyaient la leur. Napoléon Ier avait su former une grande école d'hommes capables dans tous les genres. Sous le régime sorti du gouvernement de Février, l'Europe fut étonnée de trouver si petits ces hommes qui avaient tenu le gouvernement de Louis-Philippe en échec, et qui, arrivés au pouvoir si longtemps convoité, s'en montraient si peu dignes et en même temps si peu capables de l'exercer.

On n'improvise pas des hommes. La pénurie d'hommes marquants, sous le deuxième Empire, a été remarquée à l'étranger. Il était facile pourtant de comprendre qu'avec tout l'esprit de conciliation dont Napoléon III était animé, beaucoup pouvaient être appelés

donc d'avoir ses partisans. Par contre, l'ère nouvelle,

mais fort peu élus. Dans son exil, Louis-Napoléon avait vécu entièrement pour une idée féconde; il avait compris que le premier Empire, conséquence nécessaire de la grande révolution, n'avait pas rempli sa tâche, et qu'il était dans les destinées du monde que cette tâche s'accomplît. L'idée napoléonienne vivait dans le peuple; elle s'était religieusement conservée dans le cœur de tous ceux qui avaient servi les drapeaux du premier Empire; mais les hommes d'État d'alors la considéraient comme surannée, comme ayant bien fait son temps. Dans les prévisions que le malaise incontestable de cette époque faisait naître, celle d'un second Empire ne paraît pas avoir occupé une bien large place; il n'était donc pas étonnant qu'il y eût disette d'hommes au début du second empire. Il ne faut pas perdre de vue cependant que la simplification des rouages, caractéristique de tout gouvernement bâti sur la volonté nationale, ne demande pas le grand nombre d'hommes dont avaient besoin les gouvernements précédents. Ainsi, cette science difficile et compliquée de la finance est devenue d'une simplicité extrême, grâce au nouveau système d'emprunt. Les ministres n'ont plus besoin de dépenser toute leur énergie à capter les votes des Chambres. Les mesures réclamées par l'opinion sont adoptées presque aussitôt que formulées. La politique intérieure permet de se passer de tous ces habiles faiseurs qui n'ont pu empêcher de tomber ni la Restauration ni la monarchie de juillet. La politique droite et loyale du second Empire au dehors a singulièrement simplifié aussi tout cet ancien attirail de la diplomatie. On le voit, pourvu que l'Empereur trouve autour de lui des hommes droits, probes et d'un dévouement sûr, il peut conduire avec un très-petit nombre ce vaste Empire. Est-ce à dire que le besoin d'hommes éminents en France a cessé de se faire sentir avec le second empire? Loin de nous une pareille pensée. Mais nous considérons comme le plus grand bienfait pour la France, plus que pour nul autre pays, que les abords du pouvoir ne soient pas obstrués par toutes sortes d'ambitions empressées, et que la puissance de la nation, par ses hommes hors ligne, se manifeste dans d'autres branches de l'activité humaine, dans les lettres, dans les arts, dans l'industrie. La lutte pour le pouvoir est close quoi qu'on dise. La nation a donné son mandat à bon escient cette fois, après avoir essayé un

qui prétendait avoir rompu complétement avec l'ancienne,
était taxée d'usurpation. Ce que l'ère nouvelle réclamait,
même les choses les plus raisonnables et les plus justes,
on le vouait comme entaché de l'esprit révolutionnaire à
la haine et au mépris public. Les hautes classes allaient
devoir désormais leur bien-être à leur travail et à leur industrie. Le vrai gentilhomme n'y voyait que l'accomplisse-
ment d'un devoir, et agissait en conséquence, mais il y avait
une armée d'orgueilleux hommes de caste, qui faisaient
sonner bien haut leur droit à l'estime publique en dehors de
tout mérite personnel. Le peuple n'avait pas d'autres organes que les journaux, et il ne savait souvent pas ce qu'il
voulait. Les hautes classes voyaient dans le peuple un
ennemi, parce qu'il faisait mine de ne plus vouloir jouer
le rôle d'esclave muet. Toutefois, ils ne savaient comment réfuter la doctrine nouvelle si favorable aux intérêts populaires.

« C'est alors qu'on trouva des hommes sans caractère,
mais pleins de talent pour le sophisme et exercés dans
l'art de manier la plume, qui s'offrirent à venir en aide à
l'ignorance des classes privilégiées. Des écrivailleurs, en-
thousiasmés par des guinées, devinrent les défenseurs de
l'ancienne vertu de l'esclave, et déclarèrent que le peuple était méchant et son émancipation un crime. Parce
que, dans le premier accès d'ivresse qui suivit la rupture
de sa chaîne, il s'était rendu coupable de folie, d'exagération; parce qu'il avait pris une vengeance sanglante pour

peu de tout. Il est bon d'éclairer l'étranger sur cette question de
personnes, question très-bruyante et qui a quelquefois la prétention
de dominer la voix des faits.

de longs siècles d'abaissement, ils en concluaient que les chaînes imposées au peuple l'étaient de par la morale et la religion. Ces défenseurs de la tyrannie se taisaient sur un fait, celui notamment qu'au premier réveil de la raison du peuple, l'antique ordre des choses fondé machinalement sur la déraison florissait encore, et que ceux qui s'étaient vengés si brutalement de leur dégradation passée étaient les élèves de ce système d'abrutissement, qui voulait substituer une honteuse supercherie à la morale et à la religion, et que par conséquent il fallait, pour anoblir les masses, créer un système meilleur, inspiré par le plus saint des devoirs, celui qu'impose le soin du bonheur social. Mais les passions excitées de toutes parts les unes contre les autres n'étaient pas accessibles à cette vérité si simple ; les esprits se trouvaient dans un vertige trop puissant pour que l'on pût reconnaître clairement, au moyen du flambeau de l'expérience, le nouveau terrain où on se trouvait placé. Malheureusement, ceux qui auraient dû conduire les masses étaient livrés le plus au vertige; des rêves du passé leur enivraient les sens, tandis que des visions d'avenir auraient dû les illuminer.

« Et c'est au milieu de cette fermentation des esprits que les gouvernements devaient organiser des possessions nouvelles, y introduire le repos, l'ordre et l'harmonie. La tâche était difficile, et la droiture des gouvernements allemands la rendit plus lourde encore, parce qu'ils voulaient procéder par la douceur et non par la force. L'intention était bonne, mais le moyen auquel on recourut témoignait d'une extrême faiblesse. Ils abandonnèrent l'organisation de la création nouvelle aux parti-

sans de l'ancien régime; et, parmi ces derniers, quelques-
uns ajoutèrent sciemment aux complications, d'autres
se rendirent coupables de gaspillages de nature à compromettre la considération des gouvernements eux-mê-
mes.

« Dans des temps comme ceux-là, l'ordre et le droit ne
pouvaient être rétablis que par un pouvoir dictatorial et
non par un système d'indulgence qui croyait devoir faire
un compromis avec les ennemis de l'ordre et du droit.
Qu'il soit bien entendu que ce pouvoir dictatorial devait
être basé sur l'intelligence et sur la plus sévère justice :
un pareil pouvoir aux mains de la sottise et d'un injuste
arbitraire ne peut qu'être désastreux partout et toujours.

« Après les résolutions de Ratisbonne, la paix ne put
s'établir durablement, parce que, au début du nouvel ordre des choses, on ne rencontrait presque nulle part une
énergie clairvoyante, parce qu'on ne détruisait aucun abus
et qu'on les ménageait tous ; il y avait dans les esprits une
anarchie telle, qu'on cherchait une puissance disposée à
recommencer la guerre pour bouleverser le nouvel édi-
fice ; cette puissance ne se fit pas chercher longtemps ni
bien loin.

« C'était de force que l'Autriche avait accepté la paix ;
elle ne pouvait pas se consoler de ses pertes. Le repos
n'était pour elle un besoin que pour se préparer à de
nouveaux combats.

« Tous les mécontents, les ministres déchus, les cha-
noines amoindris coururent à Vienne, où on les écoutait
volontiers ; on crut que leurs plaintes étaient l'écho de
l'opinion politique en Allemagne. Ces personnages appar-

tenaient aux plus anciennes familles, et ils étaient en partie alliés aux plus grandes maisons de l'Autriche ; comment ne leur aurait-on pas accordé de la confiance? on
croit si volontiers ce qu'on aime à entendre (1) !

« L'Autriche fomentait en Allemagne le mécontente-
ment, surtout contre les maisons de Bavière et de Wurtemberg. Ces deux États, sans être alliés à la France, ne
voulaient cependant pas faire la guerre à cette dernière.
On était méfiant envers la Bavière et le Wurtemberg, et
on cherchait à se créer en Souabe des partisans contre
ces deux États. Les plus anciennes familles de chevaliers
et de comtes peuvent encore raconter combien on les
encourageait et combien ils se prêtaient volontiers à
fortifier dans ces contrées le parti autrichien (2). Ces

(1) Ne croirait-on pas lire l'histoire contemporaine? n'avons-nous
pas vu, il y a quelques semaines, tous ces princes liliputiens d'Allemagne prendre la route de Vienne et y présenter leur manière de
voir comme l'opinion publique du pays?

(2) Nous avons vu, de nos jours, la répétition de cette manœuvre,
avec cette différence pourtant qu'elle était cette fois secondée par
les deux gouvernements qui semblent dire dans leur aveuglement à
l'Autriche :

> Vous nous faites, Seigneur,
> En nous croquant beaucoup d'honneur.

Il est évident, en effet, que l'Autriche n'aurait pas le moindre scrupule à absorber la Bavière et le Wurtemberg, si demain une occasion favorable de le faire se présentait. La conquête de l'Allemagne
méridionale est extrêmement populaire en Autriche, et il est juste
de dire qu'en Bavière et dans le Wurtemberg, des hommes éminents,
honteux de la position qui leur est faite par les gouvernements mes-
quins de ces petits pays, lorsqu'ils pourraient être citoyens de la
grande patrie allemande, verraient avec plaisir la formation d'un
grand État au sud de l'Allemagne. L'Autriche caresse ces idées-là.

menées n'avaient pas échappé aux gouvernements de Bavière et du Wurtemberg ; ils reconnurent d'autant plus la difficulté de leur position, qu'ils étaient sincèrement Allemands, et qu'ils ne pouvaient pas approuver une politique qui les forçait à chercher un appui chez le gouvernement français contre ceux qui en voulaient à leur existence.

« L'Autriche n'avait pas renoncé à l'ancien espoir de s'emparer de la Bavière, et, quant au Wurtemberg, la fortune aidant, il était possible de l'absorber en qualité de fief autrichien. Ce que ces espérances exubérantes avaient inspiré, l'argent anglais en amena la réalisation. L'Autriche se résolut à la guerre,

« Sur ces entrefaites, Napoléon héritant de la République était devenu empereur des Français. Le principe monarchique n'était donc plus menacé en Europe par la supériorité de puissance de la République, de sorte que l'on dut, pour s'attaquer à la France, trouver un autre prétexte que celui qu'aurait pu au besoin fournir cette supériorité. D'abord on avait voulu faire la guerre à la

Se réaliseront-elles à son profit? Il est permis d'en douter. Notre impartialité nous fait un devoir de dire que les événements de 1848, et surtout les excès de la démagogie, ont grandement contribué à pousser le roi de Wurtemberg et celui de Bavière à chercher un appui contre des événements possibles auprès de l'Autriche. S'ils avaient été sages, ils eussent vu que la plus grande cause de révolution qui soit encore en Europe, c'est précisément le détestable gouvernement de l'Autriche. Vaincu, ce gouvernement se modifiait. Nous comprenons que la Bavière et le Wurtemberg n'aidassent pas la France, mais la neutralité suffisait pour amener l'humiliation de l'Autriche.

France parce qu'elle s'était permis de se donner à elle-même un gouvernement, une constitution ; cette fois on vit l'Autriche se poser, sans que personne l'y appelât, en défenseur des nouvelles républiques helvétique, batave et italienne, exigeant que l'on laissât ces États libres de se donner telle constitution qu'ils jugeaient convenable. Cette prétention était d'autant plus étrange que ces républiques, après être sorties sous l'influence de la France de leur situation incertaine, révolutionnaire, étaient rentrées dans l'ordre et s'étaient donné une organisation stable sous cette même influence. On aurait cru que l'Autriche était devenue tout à coup partisan de l'état révolutionnaire et qu'elle voulait perpétuer ce dernier en Italie du moins. Mais ce souci de la liberté républicaine n'était qu'un prétexte politique. L'Autriche aurait sans scrupule aucun converti de nouveau ces États en pro-provinces feudataires. Mais comme il fallait avant tout les conquérir, on eut l'air de ne s'occuper d'abord que de leur liberté , ce qui sonnait d'autant plus étrangement que l'on avait de tout autres idées concernant la liberté et l'indépendance de la Bavière et du Wurtemberg.

« Aussi longtemps que la France, aussi longtemps que ces républiques se trouvaient à l'état révolutionnaire, elles portaient en elles le germe de l'incertitude et par conséquent de la faiblesse ; dès qu'un ordre de choses durable s'y était fondé, il était difficile de trouver dans ce pays même des partis sur lesquels on eût pu compter en cas de guerre. C'est pourquoi il était de l'intérêt de l'Autriche de protéger prétendument la liberté et l'indépendance de ces États (1). Les paroles de l'Autriche sentaient le désintéressement, mais la pensée qu'elles cachaient était toute autre. On haïssait toujours la liberté, mais il fallait avoir l'air de la protéger. Cette politique n'était pas celle d'un gouvernement fort, mais au milieu des circonstances critiques et délicates du moment (on le disait dans l'intimité), elle paraissait la seule possible. On l'eût excusée si les événements avaient répondu aux espérances, mais l'Allemagne du sud ne croyait pas au succès.

« L'électeur de Bavière conjura l'empereur d'Autriche de lui permettre la neutralité, on n'écouta point sa demande. La guerre commença ; la Bavière fut inondée de troupes autrichiennes. L'électeur dut quitter sa capitale (2) ; mais l'armée bavaroise ne fut point faite prisonnière comme on l'avait pensé à Vienne, elle marcha au contraire vers le Mein. Les Autrichiens se retranchèrent dans Ulm. Napoléon passa le Rhin, fit des traités avec Bade et le Wurtemberg, et l'armée autrichienne prisonnière dans Ulm, il opéra sa jonction avec les Bavarois et marcha sur Vienne sans s'arrêter.

« L'Autriche était l'alliée de la Russie, mais elle comptait si positivement sur la victoire, qu'elle avait ouvert la campagne sans attendre les Russes. Elle avait encore, il est vrai, une armée non entamée en Italie,

(1) Toute l'histoire de la maison des Habsbourgs ne se compose que de traits de ce genre.

(2) Si jamais les Autrichiens avaient pu vaincre, le même sort attendait le roi de Bavière actuel. L'ingratitude n'est pas un accident, c'est le principe dirigeant de la politique des Habsbourgs.

sous les ordres de l'archiduc Charles, mais cette armée était trop éloignée pour pouvoir couvrir la capitale. En Allemagne, il n'y avait plus d'armée autrichienne, les débris s'en réunirent aux Russes dans la Moravie.

« La bataille d'Austerlitz amena la paix de Presbourg.

« Cette paix mit un terme à l'influence autrichienne dans l'Allemagne du sud, contribua à l'agrandissement de la Bavière, du Wurtemberg, de Bade par l'adjonction à ces États de provinces auxquelles l'Autriche dut renóncer, et il y fut stipulé que *la noblesse immédiate de l'empire serait désormais soumise à la souveraineté des princes dans le domaine desquels se trouvaient leurs propriétés.*

« Cette paix fut un bienfait pour l'Allemagne ; plus on revenait sur l'ancien démembrement de l'empire, plus on supprimait ces petites monarchies (1), plus on for-

(1) On pourrait se faire à peine une idée aujourd'hui de l'état déplorable de ces petites monarchies auxquelles Napoléon est venu mettre un terme, si des témoins oculaires ne nous en avaient conservé des tableaux peints d'après nature. Voici ce qu'écrivait un penseur allemand vers la fin du siècle dernier : « *L'Art d'être grand dans les petites choses.* Dans la monarchie du comte régnant de Micropol, il y a une armée de 20 hommes, c'est-à-dire 1/50,000 de l'armée de l'empereur de la Chine. Ce comte est soldat et, pour exercer cette armée, qu'on pourrait au besoin mettre en bataille sur un échiquier, le comte, voulant imiter le grand Frédéric, se lève avec l'aurore pour faire manœuvrer ses troupes en plein air. Ce ne sont que cris, que tapage infernal. On aperçoit ici Son Altesse Sérénissime tantôt à cheval, tantôt à pied, mais toujours le bâton levé à la main. Aucun membre de ces pauvres porteurs de mousquetons ne lui est sacré, car Son Excellence n'est pas seulement le général, mais aussi le caporal de l'armée. Vers dix heures, se fait la cérémonie de la garde montante. L'armée se relève par peloton, et cela dure

mait des masses compactes de territoire, et plus la patrie s'avançait vers la conquête de son indépendance, vers la régénération. »

A propos de ces torts prétendus faits aux provinces médiatisées, notre auteur dit avec beaucoup de raison :

« La souveraineté qu'on leur enlevait avait été usurpée par eux sur l'empire, sur l'État. On n'a de droit à gouverner un peuple qu'aussi longtemps qu'on peut le protéger. Tous ces princes médiatisés n'avaient pas le droit d'éterniser l'impuissance de la patrie, et par contre leur devoir le plus sacré était d'en assurer l'indépendance. Ce devoir ne reposait pas sur les traités, mais sur l'éter-

une heure. La première division disparaît derrière la scène, absolument comme la brigade d'Arlequin capitaine, et, pendant qu'on passe l'autre en revue, la première ressort subitement par quelque trappe. Jamais ces cérémonies ne se passent sans coups de bâton, et il paraîtrait que le médecin de Son Altesse lui a prescrit la bastonnade de ses pauvres soldats comme un exercice salutaire pour sa personne? Si la discorde éclatait au sein du saint Empire romain, nul doute que M. de Micropol ne jetât une lourde pierre dans la balance, il n'arriverait du moins pas sur la scène sans son rotin. Il est certain que souvent on vit plus agréablement dans de petits États que dans de grands, et dans la petite république de San-Marino que dans la froide Russie; mais Dieu préserve toute âme chrétienne de passer six jours dans la taupinière du comte régnant de Micropol. » Ce que notre penseur écrivait en 1786 n'a pas encore perdu son actualité, nous avons encore des comtes de Micropol en Allemagne. Ils ont quitté en hâte leur taupinière pour rejoindre l'armée autrichienne. Ils ont prétendu le faire par patriotisme; mais il est à craindre que le jour où l'Allemagne achèvera l'œuvre commencée par Napoléon, elle jugera autrement leur conduite actuelle, qui est tout simplement un crime de haute trahison contre la liberté et l'indépendance de l'Allemagne.

nelle nécessité inhérente à la nature des choses à laquelle tout État est soumis. Comme ces princes ne voulaient pas remplir volontairement ce devoir suprême, il fallait les y contraindre. Qu'on n'ait pas demandé leur assentiment qui pourrait le blâmer ? L'État ne demande à personne s'il veut reconnaître l'ordre, ou entretenir le désordre dans son sein. Car la tâche de l'État se base sur des nécessités morales, qu'on ne saurait faire dépendre de l'arbitre de l'individu. Mais c'est là de la théorie ; les cabinets ne veulent entendre parler que de pratique. Fort bien ! alors nous demanderons qui a consulté les habitants des provinces rhénanes pour les incorporer à la Prusse, qui est-ce qui a consulté l'Italie ?

« La paix de Presbourg interposa entre la France et l'Autriche deux royaumes et un grand duché.

« On voulut réserver à la Bavière le rôle que la France aurait désiré voir remplir par la Prusse : celui de servir de contre-poids en Allemagne contre l'Autriche. On augmenta considérablement les possessions bavaroises ; on lui adjoignit le Tyrol, une perte que l'Autriche avait appelée naguère, dans une proclamation, le coup de mort de la monarchie.

« Quelque favorable que cet arrangement fût à la France, il en résulta un immense bienfait pour l'Allemagne méridionale, parce que cet arrangement répondait aux conditions d'existence de son commerce. En effet la puissance qui s'interpose entre l'Allemagne méridionale et l'Italie tient entre ses mains les moyens d'appauvrir l'Allemagne du sud en même temps que la Prusse. La situation actuelle le prouve de la manière la plus évidente (1). »

(1) On démontrera sans peine que l'Autriche a toujours, non-seulement négligé de protéger le commerce de l'Allemagne méridionale, mais encore qu'elle a cherché à le détruire. N'a-t-elle pas mis tout en œuvre pour intercepter la nouvelle route de Chur par le petit Saint-Bernard vers Belinzone? Cette route était de la dernière importance pour l'Allemagne du sud; elle permettait d'éviter les écrasants droits de douane de l'Autriche; le transport des marchandises par Nuremberg, Augsbourg et Lindau vers l'Italie s'en trouvait singulièrement favorisé; même les voituriers de Francfort pouvaient, par cette route, éviter la périlleuse voie par le Saint-Gothard. La Sardaigne avait compris l'importance de cette route pour son commerce, surtout pour le port de Gênes; elle conclut des traités avec le canton des Grisons et donna des sommes considérables pour la construction de la route. Mais, à partir du canton des Grisons, la voie entrait pour un court espace dans le canton du Tessin, pour se joindre à celle de Belinzone. Les Tessinois se montrèrent aussitôt disposés à rétablir cette route, qui avait déjà existé anciennement; un traité fut conclu avec les Grisons, et il ne manquait plus que la ratification du grand conseil du Tessin. Mais on vit paraître, à cet instant décisif, des négociateurs autrichiens, qui, en secret, offriren aux Tessinois certains avantages *s'ils voulaient s'engager à maintenir à perpétuité dans un état impraticable la partie de la voie traversant leur territoire.* Les Tessinois prêtèrent l'oreille aux flatteries de l'Autriche, et ils s'engagèrent, dans un traité solennel, à maintenir la route qui conduit, en traversant la Mocza, vers Belinzone *dans l'état le plus impraticable possible.* Par ce chef-d'œuvre de diplomatie, la voie autrichienne par Chiavenna gagnait immensément. Que l'Allemagne en souffrît, voilà ce qui ne préoccupait guère le cabinet de Vienne, et la Diète n'avait pas le droit d'intervenir dans la question. Il ne suffisait donc pas que l'Autriche, par sa ligne douanière, causât un dommage incalculable à l'Allemagne du sud; lorsque cette dernière avait eu le bonheur de découvrir une voie située en dehors de cette ligne, l'Autriche voulait la barrer. Et voilà ce que se permettait un membre de la Confédération germanique

L'auteur expose ici la conduite de la Prusse qui amène une nouvelle guerre à laquelle les batailles d'Iéna, d'Eylau, de Friedland viennent mettre un terme. La paix de Tilsitt en fut le résultat favorable en définitive pour l'Allemagne. Voici en quels termes l'auteur, après avoir décrit la nouvelle organisation politique, le signale :

« L'Allemagne, qui comptait une année auparavant *plus de mille souverains*, n'en comptait guère plus qu'une trentaine. On peut fermement assurer qu'aucun État de l'Europe n'a tiré un plus grand avantage de la révolution. Quel mortel eût osé avant Napoléon aborder la réalisation de cette œuvre gigantesque ? Et qui aurait pu penser que la France aurait aidé à la régénération d'un peuple qui était son rival ? Et pourtant il y avait des gens qui gémissaient de ce qu'on s'était soumis au protectorat de la France qu'on devait combattre pour l'inté-

lié par devoir à maintenir l'indépendance des autres Etats de la Confédération. Mais celui qui empêche son voisin de sortir de sa maison et lui assure en même temps qu'il est libre et indépendant, se moque de ce voisin, et personne ne trouvera à blâmer que ce dernier profite de la première occasion pour renverser les obstacles qu'on lui oppose. L'histoire de cette indigne manœuvre dans le Tessin, conservée dans deux mémoires suisses, est peu connue, mais elle mérite de l'être, car elle sert à l'Allemagne de leçon et d'avertissement. On voit ce qu'on peut attendre des membres de la Confédération, qui ont une qualité double, et qui, *amis* dans l'une, sont *ennemis* dans l'autre. On voit aussi avec quels sentiments de bon voisin on traitait la Sardaigne, qui devait supporter ces infamies sans se plaindre. Qu'eût-ce été si le congrès de Vienne n'avait créé aucun contre-poids à la domination autrichienne dans le nord de l'Italie, comme l'Autriche l'exigeait si impérieusement ? Il faut rendre à la Russie cette justice qu'elle seule vit le danger qui menaçait l'Europe, si on brisait en faveur de l'Autriche l'équilibre européen.

rêt français. Ces gens n'entendaient rien à la politique, car la vraie politique consiste à lire dans l'avenir.

« Toutes les circonstances qui faisaient gémir les Allemands à vue courte leur profitaient. Le système continental avait été inspiré par le véritable intérêt de l'Europe. A la vérité le commerce des villes anséatiques demeura stationnaire, mais dans toute l'Allemagne l'industrie prit un nouvel essor. L'Autriche elle-même sentit les bienfaits de ce système et y demeura fidèle.

« Mais ce système se trouvait en rapport intime avec un autre qui, en apparence, n'était fondé que sur un intérêt purement français et qui pour cela trouve un adversaire dans la fierté nationale de l'Allemagne.

« *La France avait acquis la conviction qu'elle ne pouvait pas compter sur la paix en Europe aussi longtemps qu'elle n'y aurait pas acquis une suprématie incontestée. L'Autriche renouvelait la guerre tous les cinq ans. L'Angleterre recrutait et trouvait des auxiliaires en Europe.* LE SOUVERAIN DE LA FRANCE, MÊME ALORS QU'IL EUT ÉTÉ MOINS GUERRIER, N'AURAIT PAS PU, AVEC LA MEILLEURE VOLONTÉ, DÉPOSER LES ARMES. *Le penseur* ne doit pas étudier *impartialement* l'histoire seule du passé, il le doit faire aussi pour l'histoire de son temps.

« Or, abstraction faite de l'individualité de Napoléon, il est incontestable QU'ON NE VOULAIT PAS LAISSER EN PAIX LA PUISSANTE FRANCE (1).

(1) Cette appréciation est la seule sage et raisonnable, et dans l'avenir c'est ainsi qu'on appréciera la cause véritable de la plupart des guerres de la République et de l'Empire.

« Mais, objectera-t-on, Napoléon cherchait méchamment la guerre. Et on veut prendre pour exemple celle d'Espagne. Mais ce que Napoléon a fait en Espagne nous semble légitimé par les événements subséquents et par la révolution espagnole.

«L'Autriche, continue l'auteur, pensa que la puissance française s'était brisée en Espagne, et que l'heure de la vengeance avait sonné. Elle reparut sur le champ de bataille avec des forces considérables. Elle avait réussi à endormir la France dans sa sécurité, et Napoléon fut réellement surpris par cette guerre. L'Autriche, cette fois, assura qu'elle entrait en campagne, non pas pour elle-même, mais pour la délivrance de l'Europe. Ses agents parcouraient l'Allemagne, promettant qu'elle mettrait un terme à toute souffrance. La liberté de l'Europe, disaient les proclamations, s'est réfugiée sous les drapeaux de l'Autriche. On voulait tenir un langage conforme à l'esprit de l'époque. On prit à sa solde un écrivain libéral qu'on plaça à la suite de l'armée. A Vienne, on commanda à un poëte des chansons patriotiques. On ameuta le Tyrol. On promit des récompenses immenses aux vainqueurs. Les officiers autrichiens, franchissant la frontière bavaroise, ne s'appelaient, en plaisantant, que ducs de Bavière et de Souabe.

Mais Napoléon paraît, et, dès la première bataille, la fortune se déclare pour lui. L'archiduc Charles, ayant réussi à marcher en avant, avait envoyé de Ratisbonne un courrier pour annoncer la victoire ; mais au bout d'une heure, Napoléon arrivant de Landshut, avait coupé tout un corps autrichien et prenant l'armée principale en flanc, avait forcé l'archiduc à se jeter en Bohême. A Vienne, on avait bien vite ordonné un *Te Deum*, mais le cortége de la cour n'avait pas encore pris le chemin de la cathédrale, on reçut la nouvelle de la fatale issue de la bataille. Mais le *Te Deum* avait été commandé, il fallait le chanter. On cacha pendant deux jours la vérité aux habitants de Vienne, qui célébrèrent avec de grandes démonstrations de joie la prétendue victoire (1). »

Napoléon dicte de nouveau la paix, il change encore tout le système politique de l'Allemagne ; mais le sommeil de cette dernière a duré trop longtemps pour qu'elle puisse ouvrir soudain les yeux à la lumière. Notre auteur dit : « Peu d'hommes comprenaient cette vérité que *dans des moments de crise suprême, comme celle que provoquait la régénération de l'Europe, un pouvoir dictatorial pouvait seul maîtriser les événements et* ARRACHER LE SALUT DE LA SOCIÉTÉ AU JEU DU SORT ; *et aujourd'hui même cette grande vérité paraît peut-être encore une hérésie aux yeux de quelques-uns. Les défenseurs libéraux des constitutions représentatives ne croient pas pouvoir se passer de la mise en scène de la tribune, parce que cette dernière est seule favorable à leurs talents oratoires. Mais leur parole ne leur fait pas gagner des batailles,* ET ILS NE SONT PAS MÊME CAPABLES DE TENIR TÊTE AUX ULTRAS (2). »

On se rappelle les clameurs de certain parti en Alle-

----

(1) Ne croirait-on pas lire l'histoire des dernières semaines, des derniers jours, des dernières heures qui viennent de s'écouler ?

(2) Voilà ce qui s'écrivait en 1820, vingt-huit ans avant la révolution de Février, trente-deux ans avant le 2 Décembre, trente-trois ans avant l'établissement du second Empire.

magne lors de la création de la médaille de Sainte-Hélène, et de l'envoi de cette médaille aux anciens soldats d'outre-Rhin qui avaient combattu sous les drapeaux de l'Empire.

Il est instructif de comparer à ces vaines clameurs la calme appréciation du rôle des Allemands alliés à l'Empire sous le drapeau de la France, appréciation que notre auteur fait en ces termes :

« On se tromperait fort si on croyait qu'en Allemagne on se soumettrait lâchement et aveuglément à l'heureux conquérant. *Les âmes les plus nobles, les esprits les plus calmes, sentaient fort bien qu'ils servaient une grande cause, lorsque, mêlés aux rangs de l'armée française, ils gagnaient des victoires immortelles.* L'armée française elle-même était un des phénomènes les plus extraordinaires du siècle, capable d'exciter les âmes fortes au plus noble enthousiasme, de les placer à la hauteur du siècle. Nos plus grands hommes ont été élevés à cette école. Il ne s'agissait pas ici de la splendeur de l'individu. Ce n'est pas pour une vaine comédie que des millions vont sciemment à la mort. Il n'y avait là qu'un seul individu, l'homme appelé par sa destinée à venger les injures du passé, à aplanir la route conduisant à un avenir meilleur (1). Sous lui combattaient des héros pour la cause de l'humanité dont l'émancipation ne pouvait pas être conquise en une année après dix siècles de dégradation qui commencerait peut-être seulement après que le grand capitaine aurait quitté la scène. Ce n'est souvent qu'en temps

____

(1) Toujours encore des pages qu'il suffit de copier pour écrire l'histoire contemporaine.

de paix qu'ont peut accomplir ce que la guerre a rendu possible. Non, les troupes allemandes n'ont pas combattu sous le drapeau de l'Empire comme instruments aveugles et en obéissant passivement. Ils ont servi l'esprit du siècle. *C'est pourquoi ils étaient fiers de la croix de la Légion-d'Honneur.*

« N'allez pas questionner les maîtres d'école, qui ne font que timidement envisager le passé, tournant le dos à l'époque qui progresse ; n'allez pas questionner non plus les anciens nobles immédiats, car leur seul souci est leur fief personnel, et la grande idée de la patrie ne leur apparaît que comme le mot d'ordre de menées révolutionnaires. Mais allez questionner ces hommes qui dans vingt batailles ont entendu au-dessus de leur tête le bruit des ailes du génie, de ce génie qui garantissait aux peuples leur régénération, et ces hommes vous diront s'ils rougissent des combats auxquels ils ont pris part comme soldats de la Confédération du Rhin. Aujourd'hui même ils célèbrent les anniversaires des jours de gloire par lesquels ils sont sortis des ténèbres de la féodalité pour saluer l'aurore d'une ère nouvelle.

« Et ce ne sont pas seulement nos guerriers qui durent leur éducation à l'époque de cette confédération. L'administration intérieure dut désormais se baser sur des principes politiques, parce que les béquilles de la routine ne pouvaient plus les soutenir. Des hommes d'État sortirent de la lutte contre les anciens préjugés.

« Du temps de l'empire allemand, l'esprit de l'Allemagne s'était pétrifié dans la coutume et le pédantisme. La vieille forme qui tenait prisonnier le cœur de la vie devait être brisée par la force, sans cela, il ne pouvait rien croître sur ce terrain stérile.

« Que l'on compare les débats de l'ancienne diète d'empire avec ceux de nos chambres, et qu'on dise si le mâle esprit qui se révèle dans ces dernières aurait pu se manifester aux diètes sans l'anéantissement de l'empire allemand et sans la transition à ce nouvel ordre de choses auquel la Confédération du Rhin a préludé.

« Que l'on compare les procès-verbaux des séances des anciens cabinets, où les affaires d'un simple village donnaient lieu à d'interminables prises en considération, avec les rapports faits dans les conseils d'État des nouvelles monarchies, et qu'on se demande après à quelle époque cette métamorphose de l'esprit allemand a eu lieu. »

L'auteur, passant au congrès de Vienne, nous retrace le tableau de cette assemblée vers laquelle se tournaient tant d'espérances et qui en a tant déçu !

L'Allemagne ne gagna rien à ce congrès et, jusqu'à ce jour, ce ne sont que les conquêtes faites à l'aide de la France et qu'elle a su, il faut être juste, conserver, féconder, dont elle ait à s'enorgueillir.

Une chose assez étrange, c'est que l'abbé de Pradt, dont le livre sur le congrès de Vienne parut en 1816, livre qu'il avait écrit pour flatter les puissances, arrive au fond à conclure pour le congrès au *quantum est in rebus inane*. Ce singulier mélange d'indépendance et de servilisme, d'élévation et de bassesse, d'ignorance et de savoir, qui s'appelait l'abbé de Pradt, cet homme révèle des fautes qu'on le croirait vouloir cacher ; il reconnaît la grandeur d'une révolution contre laquelle il est censé de lancer l'anathème et, en applaudissant à la restauration du passé, il prédit pour le monde un autre avenir complétement étranger à ce passé qu'il encense, sortant glorieusement de cette révolution qu'il honnit, et appelé à détruire ce qu'il élève avec un si vil empressement sur le pavois.

De Pradt ressemble à ces démons du moyen âge, pères du mensonge, que les saints forçaient à dire la vérité.

Il était utile à constater que, dans le camp du congrès comme en dehors de ce camp, personne ne croyait ni à la valeur ni à la durée de l'œuvre accomplie par des princes jouissant à cette époque d'une puissance presque illimitée devant la table rase de la politique européenne, et par les hommes d'État le plus en renom du monde entier.

Nous avons voulu par les citations qui précèdent revenir en détail sur le premier établissement de la société nouvelle en Europe, parce que c'est au principe même de cette société que l'on s'attaque aujourd'hui, et cela avec les mêmes armes qu'autrefois, au milieu des mêmes indécisions, et peu s'en est fallu que ce ne fût avec le même succès, grâce, il faut bien le dire, aux excès de 1848. On ne saurait assez signaler tout le mal que ces excès ont fait à la bonne cause, et cependant ils n'ont été commis que grâce à la lâcheté de ceux qui croyaient avoir tout fait en profitant des conquêtes de la révolution, mais qui ne croyaient pas devoir les défendre contre ses ennemis mortels, le privilége d'une part, la démagogie de l'autre.

Au congrès de Vienne, c'est l'Autriche qui voudrait

faire rétrograder partout le progrès, mais elle ne réussit qu'à l'entraver, à le limiter ; plus tard on la verra revenir sans cesse vers le but de toute sa politique depuis soixante ans : anéantir les dernières traces de la révolution française.

Quoique la révolution de 1848 eût conduit l'Autriche à deux doigts de sa perte, cet événement vint singulièrement en aide à la politique de cette dernière. En Allemagne, les excès de 1848 n'avaient pas seulement tué la démagogie, mais compromis et au delà le libéralisme. La politique autrichienne triomphait partout, et déjà à Vienne on espérait qu'en France même la révolution périrait entre les mains des hommes de février, et que, pour avoir le repos, la France accepterait des mains des ennemis de la révolution un chef qui fût leur allié. L'Autriche n'a jamais connu d'autre politique que la ruse et la force. Par la ruse, elle avait joué le Parlement de Francfort, joué la Prusse, elle allait bientôt jouer la Russie. Mais soudain, en France, un homme apparaît assez courageux pour jeter le gant à la démagogie, assez fort pour la vaincre et pour proclamer qu'il maintiendra le drapeau de la France nouvelle au dedans et au dehors, et cet homme était un Napoléon.

A partir du jour où cet homme se révéla, l'ennemi éternel de la France jura de le combattre ; et, comme elle n'avait pas trop de ses deux armes cette fois, elle résolut de le combattre par la ruse d'abord, par la force ensuite.

L'Autriche avait espéré que le successeur de Napoléon Ier se laisserait aller à quelque acte irréfléchi, à

quelque entreprise hasardeuse, qui permit à la cour de
Vienne de le compromettre aux yeux de ceux qui sui-
vaient avec admiration la carrière de cet homme provi-
dentiel. Quelle joie que celle de la cour de Vienne, lorsqu'éclata la guerre de Crimée ! Une entreprise lointaine,
des complications nombreuses, la présence même d'un
allié de la France jadis son plus grand adversaire, et son
plus mortel ennemi sous le règne du premier Napoléon,
sur le terrain de la lutte ! que de chances de voir sortir
de ce grand peut-être une conjoncture favorable à la politique autrichienne ! On l'espérait trop pour ne pas gar-
der le masque. On se rapprocha des Tuileries, on fit
semblant de vouloir marcher de front avec la France
contre la Russie alors qu'on désirait la perte de cette première, et il est très-présumable que l'âme loyale de Napoléon III y fut trompée. Il est plus que probable qu'il
n'a pas pu croire à tant de duplicité. A la paix de Paris,
aucune vilenie de l'Autriche, qui levait déjà un coin du
masque, ne put faire sortir l'Empereur de sa modération,
véritable base de sa politique. Jusqu'à la date de l'*ulti-
matum*, la France impériale fut admirable de longani-
mité. Il n'était pas difficile de savoir à Paris d'où venait
ce déchaînement de la presse allemande contre Napoléon III et son gouvernement. Il n'était pas difficile de
connaître quels étaient aux petites cours d'Allemagne les
agents provocateurs de l'Autriche, et quels ministres des
petits souverains étaient complices de la propagande autrichienne. Mais la France pouvait voir avec calme toutes
ces petites menées de tous ces petits hommes ; elle pouvait entendre sans s'émouvoir tous ces cris, tout ce tu-

mulle factice. La véritable force ne s'alarme pas pour si peu.

Pendant qu'on criaillait au delà du Rhin, pendant que l'Allemagne se préparait des regrets en méconnaissant l'homme dont la politique pouvait seule achever l'œuvre commencée par la révolution et continuée par le premier empire, les armées françaises entraient en campagne avec un calme extraordinaire, et elles firent des prodiges sans même entonner la Marseillaise! On n'a pas remarqué ce dernier point, et cependant il y a là une révélation bien digne des méditations les plus sérieuses.

Qu'a-t-il encore besoin de s'exciter ce peuple de lions? Il sait que les conquêtes de la révolution ne sauraient plus périr, qu'elles ont reçu par l'avénement de Napoléon III leur dernière et suprême garantie, et il marche à ses ennemis implacables le sourire sur les lèvres. Il ne s'agit, en effet, que de corriger un enfant. Il le fait sans bruit, sans se battre les flancs. Et il aurait demain d'autres enfants à corriger qu'il le ferait avec le même calme et avec le même sentiment de la force comme avec ce pressentiment sûr de la victoire qui le rend invincible.

Nous avons dit que la France impériale avait à corriger un enfant. A Dieu ne plaise que nous insultions un ennemi vaincu! Mais comment qualifier autrement un prince qui, arrivé à peine sur la scène politique, se croit appelé à faire rétrograder le fleuve du progrès humain dont le doigt de Dieu lui-même a tracé la marche? Comment qualifier un prince qui, dit-on, a méprisé les avis d'hommes sages pour ne suivre que les conseils de la passion, du préjugé, d'une folle ambition? Et pourtant quelles leçons ce jeune prince n'avait-il pas reçues ! Appelé au trône à la suite d'une révolution qui avait pris naissance dans les entrailles même de ses peuples et qu'avait provoquée cette politique qu'on lui conseillait de remettre en honneur, il avait déchiré les annales des soixante dernières années pour gouverner comme si le saint empire romain existait encore, pour fouler aux pieds dans son empire tout ce qui fait la force de ceux qui sont, de par des principes opposés, ses adversaires naturels : la nationalité et son expression la plus noble : le patriotisme, les lumières, la liberté !

Et pourtant, n'a-t il pas en sa faveur une circonstance qui excuse jusqu'à un certain point ses étranges prétentions ? Ne doit-il pas croire que tout ce que les hommes les plus distingués ont écrit de bien pensé et de bien senti contre la politique machiavélique de l'Autriche n'était que des passes d'armes accidentelles de l'esprit révolutionnaire contre le système vénérable du cabinet de Vienne et au fond desquelles il y avait beaucoup de méchanceté et encore plus d'envie ? Ne doit-il pas le croire lorsqu'il voit non-seulement accourir sous ses drapeaux tous ces petits princes allemands, lorsqu'il voit non-seulement les chambres hautes, mais encore les chambres basses voter des sommes en vue d'armements pour la cause autrichienne ? Ne doit-il pas croire que sa cause est juste, ou bien que le peuple est un vil et lâche troupeau qui se courbe volontairemont sous le joug et chez lequel on ne doit pas respecter des droits et des libertés qu'il ne respecte pas lui-même ?

La conduite de l'Allemagne du Sud n'est pas autre chose que l'oubli le plus coupable et le plus funeste de ce que le peuple allemand se doit non-seulement de par son glorieux passé, de par sa situation présente, mais encore de par la postérité.

Nous sommes probablement les premiers à révéler, de ce côté-ci du Rhin, un acte qui prouvera jusqu'à quel excès de démence on en est arrivé dans les pays inféodés à l'Autriche de par le concordat surtout.

Qui le croirait ! il s'est formé à Munich une société de femmes qui ont pris l'engagement de ne plus porter de modes françaises. Ce fait nous est révélé par un article inséré dans une feuille de Munich appelé *Neueste Nachrichten aus dem gebiete der Politik*. Nous y lisons :

«Toute chose a ses deux faces, et souvent la plus mauvaise ressort au détriment de la meilleure. Il en est ainsi du patriotisme, depuis que le beau sexe se mêle de politique. Nous apprenons qu'une société de femmes allemandes veut contribuer à vaincre Napoléon par le dommage qu'elles causeront à l'industrie française, en n'achetant plus d'articles de France. En considérant superficiellement la chose, ceci a l'air très-patriotique, mais vue de près, la patrie allemande perdrait à cette mesure beaucoup plus qu'elle n'y gagnerait. Une foule de maisons qui ont dû s'approvisionner d'articles français, parce que les dames les réclamaient, subiraient, par le fait que ces marchandises seraient mises au ban, des pertes considérables, et plusieurs d'entre elles seraient réduites à la misère. Que l'on réfléchisse donc que la France n'attendrait pas longtemps à user de représailles et à interdire l'entrée des marchandises allemandes, et alors nous autres Allemands nous en aurions le plus grand dommage. Car non-seulement les grands fabricants par milliers, mais des petits patrons et leurs compagnons travaillent presque exclusivement pour le marché français et y gagnent des millions. Il en est de même du commerce de houblon, de tabac, de vin, dont le stagnation serait une ruine pour notre agriculture. N'oublions pas non plus qu'en France cent mille Allemands gagnent honorablement leur existence : Paris seul en contient 80,000. Que l'on songe donc que lorsqu'en 1848 on expulsa des Allemands de France, ceux-ci vinrent chez eux, faute de pain, grossir les rangs des révolutionnaires. Aurait-on envie de voir recommencer un tel spectacle ? Si à Munich, où déjà toutes les affaires se ressentent d'une prostration générale, on voulait continuer sérieusement cette guerre aux modes, les commerçants bavarois, menacés dans leur existence, devraient se lever comme un seul homme et s'adresser au ministère afin qu'il fasse cesser cette agitation dangereuse et même illégale. Nous attendons de notre gouvernement qu'il ne laissera pas proclamer ce droit du plus fort contre le commerce, et cela sous le masque d'un faux patriotisme. Puissent nos aimables Munichoises remplir la tâche que leur assigne un grand poëte national et cesser d'entraver le commerce entre les peuples qui est l'œuvre de tant de siècles de labeur ! »

Ce langage de la raison on ne le comprendra nulle part mieux qu'en Belgique où de pareilles folies seraient impossibles. Aussi n'est-ce pas sans étonnement que nous avons vu certaines feuilles belges prendre dans la question italienne le parti de l'Autriche, et cela nous a surpris, parce que la Belgique est par excellence le pays du bon sens et des appréciations calmes.

Quel est en effet le véritable état de la question ? Examinons-le et puis nous demanderons à la Belgique si sa cause n'est pas aussi bien en jeu que celle de la France aussi longtemps qu'elle ne sera pas résolue à renoncer aux conquêtes qu'elle a partagées avec la France après avoir, il faut lui rendre cette justice, concouru honorablement à les assurer.

Nous avons parmi nous quelques hommes, le nombre en est petit, car nous sommes en France, qui croyaient que l'empire, ayant inscrit la paix dans son programme, cela signifiait le maintien de la paix à tout prix ; que le dernier mot de l'empire c'était le *chacun pour soi, chacun chez soi*, et le *enrichissez-vous per fas et nefas ;* ou bien encore *après nous le déluge.* Quant à ceux dans ce petit nombre qui dans leurs espérances portent les regards en arrière au lieu de les fixer sur le présent, la grandeur des événements qui se sont passés depuis quelques jours doit les avoir réduits à l'état de pauvres honteux, et la France est assez forte pour vouloir ignorer leurs tendances, leurs vœux, et jusqu'à leur nom.

Depuis son avénement à la présidence jusqu'à ce jour, le chef de la France a été l'unique préoccupation de l'Europe. Les gouvernements ont suivi tous ses mouvements, ont pesé chacune de ses paroles, ont cherché à deviner la moindre de ses pensées ; puis lorsqu'ils ont vu que cet homme ne voulait pas se contenter d'avoir vaincu l'anarchie pour un jour, et qu'il ne voulait pas faire cause

commune avec ceux qui éterniseraient l'anarchie en fou-
lant aux pieds toutes les lois de justice et d'humanité, on
, a recouru à cette arme dont les coups avaient si souvent
porté et qu'on s'était exercé tant d'années à manier : à la
calomnie.

Pour qu'il n'y ait point de malentendu possible lorsque nous portons une si grave accusation , nous devons
avant tout à la vérité de constater que la formidable coalition qui eut lieu contre la France dans la personne de
son élu Napoléon Ier, n'existe plus.

En Prusse, avec la chute d'un parti qui, sous prétexte
de conserver, conduisait le pays droit à une révolution ,
nous avons vu arriver un prince et des ministres résolus
à arracher la Prusse , et par son exemple l'Allemagne ,
aux bouleversements , en prenant l'initiative d'un sage
progrès. A cette politique intérieure si digne d'éloges
correspond la politique extérieure de la Prusse, pleine de
bonnes intentions, résolue à ne procéder que par examen
et non par calomnie , repoussant les insinuations mal-
veillantes d'une puissance qui voudrait effacer la dernière trace en Allemagne de l'influence bienfaisante de
la Prusse.

La Russie également s'est retirée de là coalition. Elle
a compris qu'elle avait à jouer un autre rôle que celui
d'entrayer l'Occident, et elle se consacre tout entière à la
civilisation de l'Orient, laissant à chaque État sa part
d'influence légitime sur les affaires du continent européen. L'Autriche seule , comptant sur quelques hommes
d'un autre âge oubliés en Angleterre, et perdus au milieu d'un pays frémissant du besoin de réforme de toute

espèce, a cru pouvoir faire une coalition contre l'homme extraordinaire qui se dresse tout à coup devant elle, et vient lui demander compte de ce qu'elle a fait de ces pays dont elle avait osé entreprendre la gestion après la France.

Ce n'est pas la foi, c'est le froid calcul d'une politique machiavélique qui a dicté le concordat de la cour de Vienne avec celle de Rome. On croyait ainsi appeler à soi cette Allemagne catholique qu'on a réussi à émeuter un instant contre la France catholique.

On a cru que, d'après le principe que du mouvement il résulte de l'attraction, on entraînerait aussi l'Allemagne protestante en lui peignant la patrie en danger sur le Rhin, parce que l'Autriche était appelée à rendre compte de ses iniquités sur l'Adige et le Pô.

L'Autriche avait bien eu soin de souffler aux hommes d'affaires, et ils sont nombreux aujourd'hui, que la prétendue provocation de la France les ruinerait, insinuant qu'elle, Autriche, le grand débiteur de toutes les places de l'Europe, ne pourrait plus remplir ses engagements. Et l'Autriche avait réussi en effet un moment à aveugler l'Allemagne catholique, et à un certain point l'Allemagne protestante ; malheureusement l'opposition des sophismes aux faits, du mensonge à la vérité ne pouvait pas être longue. Bien des catholiques fervents en Allemagne, nous dirons même les plus influents, par cela même qu'ils sont les plus raisonnables, avaient eu le bon esprit de déplorer le concordat, parce qu'il devait porter le clergé autrichien à jouer un rôle qui devait à la longue devenir funeste à l'influence de l'Église catholique.

Ensuite, tout catholique allemand sincère ne comprenait rien à cette croisade contre le gouvernement de l'Empereur des Français, lui qui avait rétabli l'ordre, donné l'exemple du respect pour le culte catholique et ses ministres, lui qui avait ramené le pape sur le trône de Saint-Pierre et qui l'y maintenait dans des conditions où l'occupation exclusive de Rome par les Autrichiens n'aurait jamais pu le placer.

L'Allemagne protestante avait été sérieusement alarmée par le concordat. Elle n'avait pas oublié que ses coreligionnaires avaient enduré, de la part de la maison des Habsbourg, des tortures qu'on pourrait comparer sans exagération à celles que les plus tristes empereurs romains avaient fait endurer aux chrétiens. Le rôle du clergé dans d'autres parties de l'Europe, gouvernées par des constitutions libérales, les effrayait. Que serait-ce en Autriche, où par le concordat l'action du clergé se substituait officiellement à l'action du gouvernement, dans un pays où la justice n'existe que de nom, et où celle qui existe est vénale à tous les degrés ?

Il fallait à tout prix gagner ces protestants en appelant à leur patriotisme. La France, leur disait-on, ne rêvait que la conquête de l'Allemagne, et c'était par l'Autriche qu'elle voulait commencer, en cherchant le prétexte injuste de l'Italie heureuse sous la domination autrichienne !

Au moment où elle voit que tous ses efforts ont échoué contre le bon sens du gouvernement et du peuple prussien, l'Autriche cherche encore à calomnier la France. C'est à Vienne qu'on avait concerté la propagation de cette audacieuse nouvelle qui devait soulever l'Allemagne d'un bout à l'autre, si elle avait été exacte : celle d'une alliance offensive et défensive entre la France et la Russie.

Il y avait une habileté diabolique dans cette manœuvre. Déjà l'Allemagne, travaillée dès lors par les intrigues de l'Autriche, avait, à l'occasion de l'entrevue de Stuttgard, exprimé hautement sa réprobation contre un traité éventuel entre la France et la Russie. Proclamer aujourd'hui un pareil événement, c'était dire clairement à l'Allemagne : Vous le voyez, c'est bien à vous qu'on en veut, car la France n'a pas besoin d'une alliée pour me tenir tête en Italie, ce sera à votre tour quand je serai à bas. Pour l'Angleterre, la confirmation d'une pareille nouvelle entraînait de fait la rupture de l'alliance franco-anglaise.

La guerre avec l'Autriche n'est pas le prélude d'une guerre générale, si l'Allemagne se refuse comme l'a fait la Prusse à devenir la dupe de l'Autriche.

Nous disons plus, une paix durable sortira de cette guerre contre une oppression à laquelle les peuples et les gouvernements auraient dû mettre depuis longtemps un terme. L'Empereur des Français semble n'avoir d'autre politique que d'éteindre partout les foyers d'incendie, que ces foyers soient entretenus par les soi-disant conservateurs ou par les mazzinistes. Lorsque l'Italie sera libre les mazzinistes n'ont plus de prétexte d'existence. Il ne leur reste plus d'autre refuge que la honte et l'oubli, et s'ils en sortent, il faut qu'on les retranche de la société.

Vouloir la paix quand même, c'est appeler à grands cris la guerre. Ni l'Empereur, ni la France n'ont voulu cette guerre, et le souverain a tout fait pour l'éviter. Aujour-d'hui qu'on a fermé l'oreille à la voix de la raison et de la justice, il n'y a plus à reculer.

S'il y avait en France un grand nombre d'hommes re-présentant les intérêts industriels qui nous disent que cette guerre aurait dû être évitée dans l'intérêt de la prospérité publique, nous leur demanderions : D'où est née cette prospérité de la France qui contraste si singu-lièrement avec le dénûment de l'Autriche, si ce n'est de nos institutions, de ces conquêtes que Napoléon Ier a consolidées et que la révolution de Février nous aurait, nous ne craignons pas de le dire, fait perdre infaillible-ment si la Providence ne nous avait pas envoyé pour les sauver et les défendre l'héritier de celui qui nous les avait une première fois conservées? Nous leur demande-rions si c'est là un état normal que de sentir toujours trembler sous les pas du progrès ce volcan italien qui menace sans cesse la paix de l'Europe? Et si nos soldats vont combattre, c'est contre l'ennemi le plus acharné de la France dans le passé, de nos institutions dans le pré-sent.

De toutes les guerres qui aient jamais été entreprises par la France pour ces grands intérêts qu'un peuple ne saurait méconnaître sans abdiquer, aucune n'a été plus juste, plus légitime, plus nécessaire. En la faisant, après avoir épuisé, pour l'éviter, tous les moyens compatibles avec l'honneur d'un grand peuple, l'Empereur a rempli un des plus saints devoirs de sa haute mission, et le peuple (car la France n'est pas tout entière à la Bourse), le

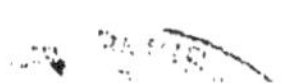

peuple avec son instinct si sûr l'a compris, et la guerre pour l'Italie est devenue une guerre nationale.

Un fait remarquable qui s'est passé ces jours derniers, a lieu de frapper particulièremet l'opinion en France, c'est la panique qui s'est emparée de la Bourse de Vienne à la nouvelle du départ du chargé d'affaires de France. Quel avertissement pour le gouvernement autrichien ! Ceux qui sont le mieux placés pour connaître ses ressources lui dénoncent tout crédit, et ils proclament hautement que la possession de valeurs autrichiennes est une ruine.

Il y a eu une baisse à la Bourse de Paris, insignifiante à la vérité, mais qui aurait dû être nulle et qui l'aurait été si les notions de saine politique étaient plus généralement répandues. La baisse aurait dû frapper les seuls papiers autrichiens sur lesquels planent visiblement la banqueroute ; le peuple autrichien lui-même nous l'annonce par la panique que la guerre vient de lui inspirer.

Nous disons que la baisse à la Bourse aurait dû être nulle.

Jamais le crédit de la France n'a été plus fort, jamais la confiance de la France en elle-même plus absolue. Pourquoi craindrait-on lorsqu'on remplit le plus saint devoir ? Tous les peuples se rangeront successivement du côté de la France, et nous verrons chaque jour diminuer la méfiance de ceux auprès desquels on avait cherché à nous calomnier.

Le ministère Derby-d'Israeli a cessé d'exister, et c'est sa duplicité envers nous qui l'a conduit à sa perte.

En Allemagne, l'opinion revient à nous lentement,

mais sûrement. Elle verra bientôt que rien dans la conduite de la France ne ressemble à une menace contre
elle ; que la guerre entreprise par la France tournera à
son profit, parce que cette guerre fera cesser la position
fausse où l'Allemagne comme nation se trouvait vis-à-vis
de l'Italie ; parce que cette guerre forcera l'Autriche à
reprendre son vrai rôle, qui ne consiste ni à opprimer l'I-
talie, ni à opprimer l'Allemagne, comme elle l'a fait jusqu'à ce jour, mais à gouverner sagement et à civiliser les
peuples qui longent le Danube jusqu'à la frontière de Tur-
quie, et à devenir un auxiliaire puissant et, s'il se peut,
loyal de la civilisation en Orient.

En Italie, le peuple s'est levé calme et digne, parce
que les fauteurs de désordre savent bien qu'ils ne vien-
draient pas impunément cette fois entraver le brave roi
du Piémont et son gouvernement. Napoléon est là avec
la France derrière lui, et malheur aux anarchistes ! Ce
qu'il y a d'admirable cette fois, c'est que c'est l'armée
qui fait partout et pacifiquement la révolution. Ainsi se
réalisent les paroles que Louis-Napoléon écrivait jadis
avec tant de raison : *Quand une révolution se fait par
l'armée, cette révolution est exempte des troubles qui ac-
compagnent souvent les mouvements populaires.*

Il est un point important encore que nous ne saurions
passer sous silence, c'est l'attitude de la presse étran-
gère depuis quelques mois.

Il n'y a pas si longtemps qu'un Anglais, homme ho-
norable et habitant Londres, adressa au *Constitutionnel*
une lettre, au bas de laquelle se trouvait le nom et l'a-
dresse de l'auteur, où le secret des fureurs du *Times* con-

tre la France se trouvait dévoilé. Au fond de ces fureurs
il n'y a que des spéculations de bourse, et c'est pour
préparer une de ces scandaleuses spéculations que le
Times a écrit ses derniers articles concernant les prétendus embarras de la France et de la Russie, et la prétendue alliance offensive entre ces deux puissances. Il est
résulté de ces articles une panique effroyable, nombre de
banqueroutes ont été déclarées, les fonds publics ont
subi une baisse effrayante, la Banque en a élevé, plus
qu'elle n'en avait l'intention, le taux de son escompte.
Mais qu'importe au *Times?* le tour est fait !

Et la presse est irresponsable !

Et ces turpitudes sont tolérées ! Les Américains, à défaut de lois écrites qui répriment de pareils scandales
sous un régime absolu de liberté de la presse, auraient
probablement, un beau jour, recours à la loi de Lynch si
un autre *Times* se permettait de pareilles incartades au
delà de l'Océan.

Félicitons le pays qu'on ne puisse y oser de sembla-
bles attentats contre la fortune publique et la fortune
privée.

On devrait penser que, dans un pays où le Parlement
éclaire prétendûment l'opinion par ses débats, les hommes les plus considérables de la finance ne se laisseraient
pas prendre, à défaut de courage, au moins de par leur
intelligence, à ces manœuvres-là. Nous craignons bien
que toutes ces prétendues libertés anglaises, dont notre
engouement a fait toute la vertu, soient beaucoup plus
grosses d'inconvénients que de valeur réelle. Quand on
veut ouvrir les yeux, on trouvera ce que les libertés an-

glaises ont de bon pratiqué chez nous, et ce que nous n'en avons pas ne doit pas nous faire envie. Nous avons en outre l'égalité, ce véritable complément de la liberté, au point que l'une ne saurait exister sans l'autre.

Nous avons à revenir encore une fois sur la presse allemande. Dans la proclamation que l'empereur d'Autriche vient d'adresser aux diverses nations réunies sous son gouvernement, il ne craint pas de parler des sympathies de l'Allemagne pour la cause de l'Autriche. On a peut-être réussi à faire croire au jeune souverain que les articles envoyés ou imposés à la presse allemande étaient l'expression de l'opinion publique de l'Allemagne. C'est là peut-être une des erreurs les plus funestes parmi celles qui conduiront l'Autriche à sa perte. Pour conserver leur débit dans les Etats autrichiens, plusieurs journaux sont forcés d'accueillir les articles que leur adresse un bureau *ad hoc* attaché au cabinet de Vienne. On connaît la force de ce dernier, tant pour les injures et les calomnies qu'il dirige contre la France que par les ressources de son esprit retors.

La *Gazette d'Augsbourg* a joué dans les derniers temps un rôle exceptionnel ; cette feuille est restée toute dévouée à l'Autriche, même alors que les tristes motifs de son dévouement n'étaient plus un secret pour personne. L'influence politique de cette feuille n'existe plus que pour ceux qui ont intérêt à défendre sa déplorable tactique, ou à se rendre complices de ses calomnies offensantes.

Sous la pression de la déplorable conduite de l'Autriche et de l'opinion publique qui la condamne, la presse allemande ne tardera pas à reprendre cette attitude calme, modérée, réfléchie, qu'elle n'aurait jamais dû abandonner, et qui lui aurait assuré une grande autorité en Europe, non-seulement en raison de la position de l'Allemagne, mais encore du mérite des publicistes allemands possédant généralement des connaissances universelles, et ayant dans l'esprit un peu de ce cosmopolitisme qui conduit à juger impartialement les différends qui s'élèvent entre les nations.

Un fait récent, et qui a dû frapper vivement les publicistes allemands, est de nature à ouvrir les yeux aux plus aveugles. Ce fait, c'est la démarche de la noblesse wurtembergeoise auprès du roi, tendant à provoquer une croisade contre la France.

Cette démarche ne nous étonne pas. Il n'y a pas un an ces mêmes nobles invitaient le roi à rétablir tous les priviléges abrogés en 1848. La chambre basse s'opposa violemment aux prétentions de la chambre haute, mais le conflit n'est pas encore vidé. La noblesse de Wurtemberg est peut-être la plus arriérée de l'Allemagne, et en même temps la plus hostile au progrès. Elle n'a pas voulu rester en arrière de celle de la Bavière, et de celle du Hanovre, car c'est de cette noblesse qu'est venue l'initiative des mesures prises en haine de la France. Or, que veulent ces hommes d'un autre âge avec leurs faux-semblants de patriotismes ? Où prétendent-ils en arriver en prêchant une croisade contre la France ? En 1848, ils étaient humbles, tremblants devant l'anarchie. Et qui a vaincu cette dernière ? Napoléon III. Mais comme nous l'avons dit au commencement de ces pages, ils ont pensé que Napoléon III ferait de la réaction; et, déçus dans leurs espérances, ils proclament leur sauveur leur ennemi.

Ah! c'est leur ennemi en effet, mais l'Allemagne, mais le peuple allemand ne devrait-il pas comprendre qu'il n'a pas de meilleur ami que celui qui rend plus stable, plus générale la pratique de la liberté en lui assignant l'ordre pour base et l'autorité pour sommet? Ce n'est pas au delà du Rhin, ce n'est pas en France, c'est en Allemagne que se trouvent les plus implacables ennemis de la nation allemande. Si la France pouvait périr, le système de gouvernement autrichien étendrait son réseau sur toute l'Allemagne, et alors, mais trop tard, les peuples porteraient le deuil de la France.

Bien connaître son ennemi, c'est l'avoir à moitié vaincu. Nous savons maintenant ce que veut cette noblesse allemande. Elle veut ce que veut le gouvernement autrichien, elle veut ce que voudrait, ce qui reste encore de cette noblesse anglaise, si fière encore de son ancienne victoire sur la France, victoire qui n'a pourtant pas empêché le progrès de marcher.

Ce qui est étrange, c'est que ce ne sont que les États secondaires de l'Allemagne où ces hommes osent lever la tête; en Prusse, ils se trouvent contenus par l'opinion publique plus éclairée et jugeant plus sainement les choses, comprenant mieux aussi ce que l'Allemagne aurait à attendre du patriotisme de la noblesse éclatant si subitement aujourd'hui, tandis qu'hier encore ce patriotisme consistait à attaquer toutes les conquêtes du progrès, conquêtes qui ont coûté à l'Allemagne d'innombrables sacrifices.

Nous le disons du fond d'une conviction que nous espérons avoir fait partager au lecteur par les lignes qui précèdent : la guerre que nous avons entreprise en Italie n'est pas seulement une guerre pour le droit du faible contre le fort, c'est encore une guerre pour déchirer la trame que l'ancien régime, sous la haute direction de l'Autriche, ourdissait lentement contre nous, contre nos institutions. Ce n'est pas le Rhin que |nous allons conquérir sur les Alpes, ce sont nos codes que nous allons y défendre, ces institutions pour l'établissement desquelles notre sang le plus pur a coulé par torrents. Oui, cette guerre est une guerre nationale.

Mais ne la craignons pas, que notre commerce, notre industrie, que nos capitalistes aient confiance. Notre ennemi est l'ennemi de tous les peuples. Vaquons à nos affaires, redoublons de zèle au travail pour remplacer les bras de ceux qui sont allés défendre la cause italienne et la nôtre.

Cette lutte est la dernière que la cause du progrès aura à soutenir, car encore une fois nous allons ramener par une guerre où la justice et le bon droit sont de notre côté, une paix d'autant plus durable que nous aurons vaincu une anarchie aussi terrible, aussi dangereuse que celle qui sort des bas-fonds de la société, en rendant impossibles à jamais ces gouvernements iniques, dont les folies engendraient des révoltes étouffées bientôt dans le sang, mais qui revenaient périodiquement épouvanter l'Europe ; ces gouvernements iniques dont les folies pous-

saient les peuples au désespoir et les individus à l'assassinat politique.

La Belgique jouira tout autant que l'Allemagne de
l'affermissement de la société moderne par les victoires
de la France. Elle le croit bien certainement, et si un
certain parti chez elle a pu témoigner des sympathies
non-seulement pour la cause d'Autriche, mais, ce qui est
plus grave, pour le système de gouvernement autrichien,
la nation ne saurait partager cette manière de voir, et, en
s'y refusant, elle ne fait que se ranger de l'opinion de
son auguste chef. On s'est donné beaucoup de peine
pour faire croire en Allemagne que le roi Léopold s'était
cru solidaire du système politique de l'Autriche et qu'il
aurait cru sa sécurité menacée si l'Autriche l'était en
Italie. On s'est probablement donné tant de peine en pure
perte, non sans s'exposer à voir les faits détruire bientôt
ces suppositions gratuites.

Si le roi Léopold a recherché l'alliance autrichienne
pour des motifs que nous n'avons point à rechercher ici,
il est évident qu'il était trop sage et trop clairvoyant,
pour se servir de ses rapports avec la cour de Vienne,
dans le but de précipiter les Habsbourgs vers leur ruine,
en leur conseillant de persister dans un système qui a
fait son temps. Nous aimons au contraire à voir derrière
la conduite prudente que le gendre du roi des Belges a
tenue dans la Lombardie les sages conseils du roi Léopold.
Nous sommes également convaincu que ce prince a été
péniblement surpris de cette erreur de date que quelques
membres de la chambre des lords ont commise pendant
son séjour à Londres.

Il est évident dès lors que le roi Léopold serait d'accord avec son peuple le jour où il s'agirait de défendre ces précieuses libertés dont la protection est la base la plus sûre du trône de Belgique, et ce n'est certes pas du côté de la France que ces libertés seraient menacées. Si la Belgique croyait devoir renoncer à sa neutralité par suite des événements qui pourraient se produire en Europe, il est évident qu'elle ne pourrait le faire qu'en faveur de la France, à moins d'oublier ses intérêts les plus immédiats, soit moraux, soit matériels. Un grand homme écrivait dans l'exil :

« La contre-révolution, même en la laissant aller, doit inévitablement se noyer d'elle-même dans la révolution. Il suffit à présent de l'atmosphère des jeunes idées pour étouffer les vieux féodalistes ; car rien ne saurait désormais détruire ou effacer les grands principes de notre révolution. Ces grandes et belles vérités doivent demeurer à jamais, tant nous les avons entrelacées de lustre, de monuments, de prodiges ; nous en avons noyé les premières souillures dans des flots de gloire ; elles sont désormais immortelles, sorties de la tribune française, cimentées du sang des batailles, décorées des lauriers de la victoire, saluées des acclamations des peuples, sanctionnées par les traités, les alliances des souverains, devenues familières aux oreilles comme à la bouche des rois, elles ne sauraient plus rétrograder ! Elles vivent dans la Grande-Bretagne, elle éclairent l'Amérique, elles sont nationalisées en France : voilà le trépied d'où jaillira la lumière du monde. Elles le régiront ; elles seront la foi, la religion, la morale de tous les peuples ; et cette ère mémorable se rattachera, quoi qu'on ait voulu dire, à ma personne, parce qu'après tout j'ai fait briller le flambeau, consacré les principes , et qu'aujourd'hui la persécution achève de m'en rendre le Messie. Amis et ennemis tous m'en diront le premier soldat, le grand représentant. Aussi, même quand je ne serai plus, je demeurerai encore pour les peuples l'étoile de leurs droits, de leurs efforts, de leurs espérances, et mon nom sera leur devise et leur cri de guerre. »

Et les événements sont tous, depuis près de quarante ans, venus légitimer la prédiction de Napoléon Ier; la chute des deux branches des Bourbons, les révolutions d'Espagne et d'Allemagne, enfin la restauration en Europe de cette dynastie issue de la révolution française d'où est née cette fusion du peuple et son gouvernement que l'on peut appeler, non-seulement le but, mais l'idéal de la société moderne ; tous ces événements proclament, au nom de ce progrès humain que rien ne saurait arrêter, l'avénement d'une société nouvelle dont chaque pas est marqué par une nouvelle victoire sur un ordre de choses auquel on cherche en vain un appui, un nouveau titre, une nouvelle raison d'être ; et nul peuple ne connaît mieux que le peuple belge l'inanité des efforts pour maintenir les traités de 1815, traités qu'il a déchirés lui-même de l'assentiment de ceux qui les avaient dictés et garantis.

Paris. — Impr. de Pommeret et Moreau, 42, rue Vavin.